六義園の庭暮らし

柳沢信鴻『宴遊日記』の世界

小野佐和子

平凡社

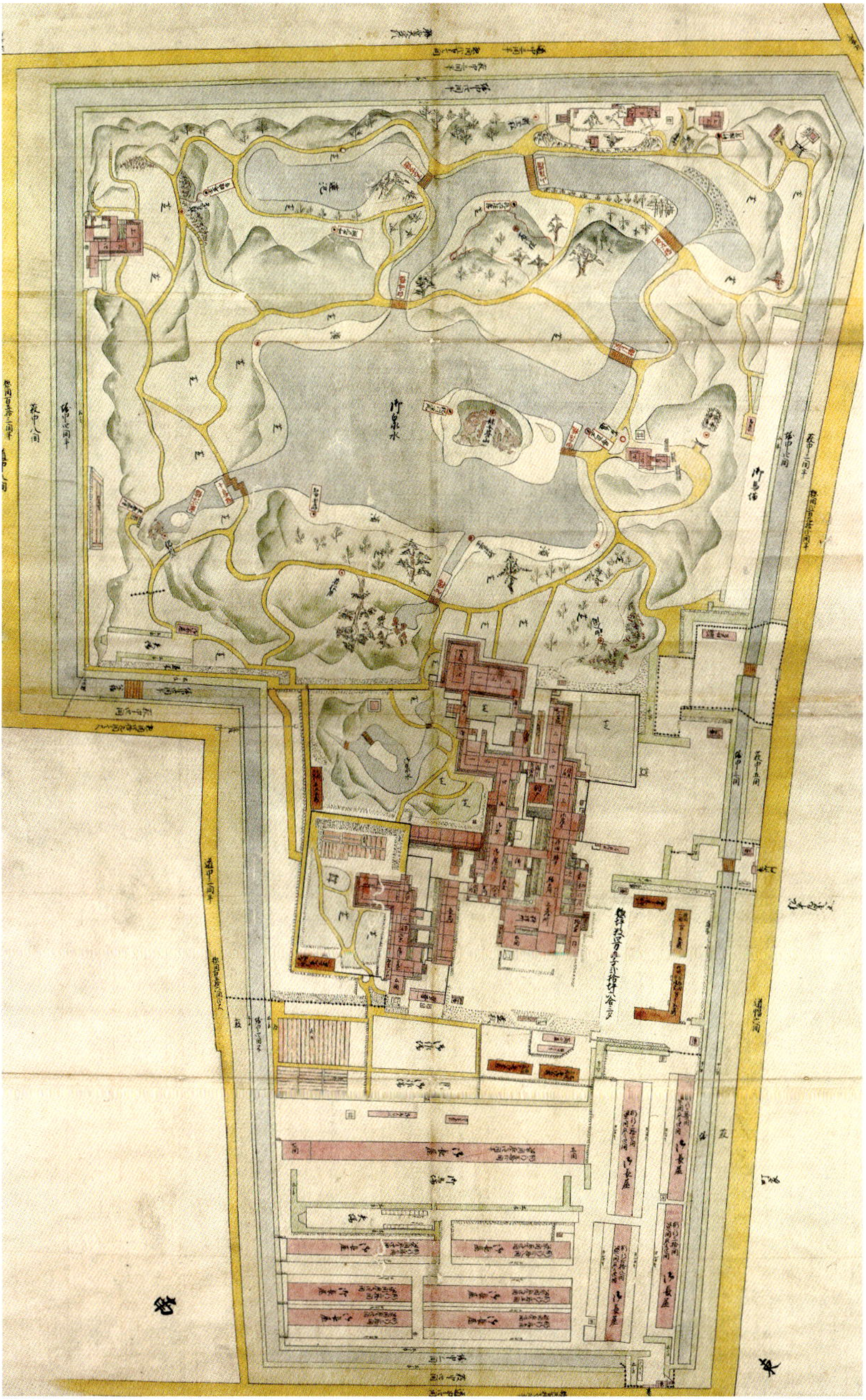

柳沢吉保時代の下屋敷「水木家旧蔵六義園図」

（公財）郡山城史跡・柳沢文庫保存会蔵

六義館　狩野常信 画「六義園の図上巻」

藤代峠　狩野常信 画「六義園の図上巻」

妹背山　狩野常信 画「六義園の図上巻」

新墾田　狩野周信 画「六義園の図中巻」

吟花亭　狩野周信 画「六義園の図中巻」

（公財）郡山城史跡・柳沢文庫保存会蔵

藤里　狩野岑信 画「六義園の図下巻」

水分石　狩野周信 画「六義園の図中巻」

東都駒込辺絵図『江戸切絵図』国立国会図書館蔵

左上端のわずかな縦長の敷地が、柳沢家下屋敷の東南端。
屋敷前の日光御成道が百姓地と武家地を分ける。

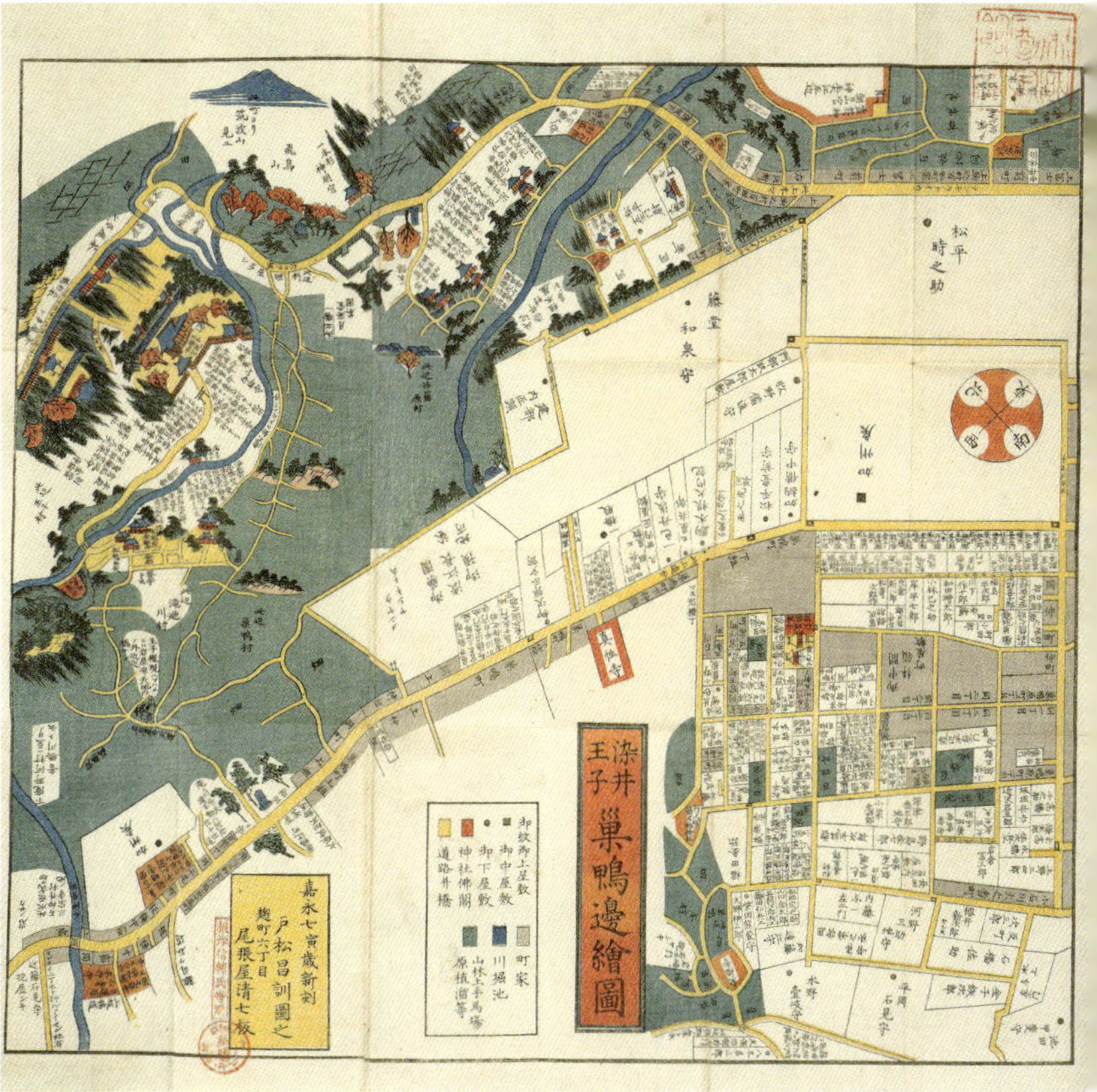

染井・王子・巣鴨辺絵図『江戸切絵図』国立国会図書館蔵

右上端に松平時之助とあるのが柳沢家下屋敷。
屋敷左に広がる百姓地に飛鳥山と王子稲荷が見える。

芥子図　柳沢信鴻 画

牡丹錦鶏図　柳沢信鴻 画

山水図　柳沢信鴻 画

（公財）郡山城史跡・柳沢文庫保存会蔵

住み侘びし都はなれて山里に身をのがるべき木隠れの宿

ブックデザイン　守先正

六義園の庭暮らし

柳沢信鴻『宴遊日記』の世界

三　庭のめぐみを頒かち合う

図版：
『禽譜』宮城県図書館蔵、
『百花鳥図』『不忍禽譜』国立国会図書館蔵

はじめに

東京都の公園として現在も多くの人が訪れる六義園は、五代将軍綱吉のもとで幕政を主導した柳沢吉保が、駒込の下屋敷に築いた広大な庭として知られる。古今伝授を受けるほど和歌に傾倒した吉保が、和歌山県の和歌浦とその周辺の歌枕の風景を写し、和歌の世界をあらわす庭として構想したこの庭は、江戸時代すでに名園として名を馳せていた。

綱吉逝去ののち、吉保は隠居してこの下屋敷に居を移し五十七年の生涯を終えるが、彼の孫で大和郡山藩二代藩主・信鴻《のぶとき》もまた、晩年をこの屋敷で暮らした。信鴻は、安永二年（一七七三）、藩政を息子の保光に譲り駒込の下屋敷に移転してから寛政四年（一七九二）に六十九歳で亡くなるまで、この屋敷で暮らす。下屋敷での二十年間の生活を信鴻が記した日記のうち、最初の十二年間の記録が『宴遊日記』である。同書には、宴遊の名の通り、五十代の信鴻の、多彩な趣味に彩られた、賑やかで遊びに満ちた生活が綴られる。本書は、この『宴遊日記』をもとに、信鴻の時代の六義園のありさまを見ることとする。

信鴻は、当時の大名の教養としての儒学、漢詩、漢文の素養はもちろん、文学や絵画にも造詣が深く、下屋敷においても、側近や息子たちに源氏物語や論語等の講義を継続的に行い、頼まれて書画の揮毫をすることもしばしばである。また、若い頃より和歌に親しみながらも、俳諧、それも、点者に評点を請い、点の多少で句の優劣を競う遊戯的な点取俳諧に熱中した。ここに、洒脱で都会的、そして庶民的でもある彼の性向があらわれているのだが、米翁の名で評者としても活躍した信鴻の日々は、評点の依頼や投句、句会にあけくれる俳諧宗匠さながらの様相をみせる。

俳諧と同様に彼が心を傾けたのが芝居で、新しく芝居がかかるたびに何人もの供を従えて、堺町や葺屋町に見物に出かけるばかりでなく、自分で脚本を書き、家臣や侍女たちに稽古をつけて、年に二回ほど歌舞伎を興行する。屋敷内には花道のある本格的な舞台が設けられており、興行のたびに招かれるのは、家族や家臣の妻子をはじめとする屋敷に出入りする者たちである。

時代はちょうど田沼時代と呼ばれる、江戸が都市として著しい発展を見せ、江戸の庶民が文化の担い手となる安永・天明期である。時代の気分は華やかで活気に満ち、浅草や上野をはじめとする盛り場が賑わい、料理屋が出現する。郊外の遊覧も盛んになる。飛鳥山や王子といった江戸有数の行楽地を控えた下屋敷周辺は植木屋の集まる場所でもあり、春の花見や秋の菊見物に大勢の人びとが訪れる。園芸の趣味も庶民に広がり始めて、流行の草木がもてはやされる。信鴻は、この遊楽の気分に満ちた時代の成果を、堪能する。湯島や浅草の盛り場や芝居町にたびたび出かけて町歩きを楽しみ、芝居や見世物を見物し、はやりの料理屋で食事し、植木屋を覗いて気に入りの植物を探すのである。

多岐にわたる趣味と家族や数多くの朋友にめぐまれて、信鴻は下屋敷での生活を十分楽しんだ。その多彩な生活の中心に六義園があった。彼にとって六義園は、生活の場であると同時に、大きな興味の対象であった。

『宴遊日記』の魅力と貴重さは、信鴻自身が六義園をめぐる日常生活を詳しく書き記している点にある。十年あまりの長い年月、大名自身の手で日々書き留められた庭の詳しい記録は、ほかにちょっと見当たらない。信鴻の日記を通じて、吉保の時代には桂昌院や姫たちの訪問に彩られた華やかな政治的儀礼の舞台であった六義園が、隠居生活を送る大名の生活の場、私的な空間として姿をあらわす。そこで明らかになるのは、庭が本質的にもつ多義性である。

庭は、第一に、家屋の周囲を囲いこみ、植物を植え、育て、手入れして人が創り出す美の空間である。花を愛で、月を愛で、宴を催して詩や歌を詠じてきた長い歴史が庭にはある。しかし一方で、庭は、自然の産物が産み出され利用される実用的な場としての側面をもつ。六義園でも、野菜栽培が行われ、大木は用材として利用される。

庭は、自然の力の働く場である。草木が育ち花が咲き実が稔り、動物が棲みつく。生活に隣り合って自然の営みがあり、自然のすぐ横に人の生活がある。だが庭の自然は、自然の力をコントロールしようとする人間の意思のもとに存在する自然であり、常に人手がかけられることで維持される。住み手を失った庭がたちまち雑草に覆われ荒廃していくことは、近年増えつつある空き家を見ると、よくわかる。

庭では、自然のコントロールを通じて、所有者は、自身の権力と財力、それに庭を遊ぶ教養を示す。土地を囲い込み大規模な土木工事を行うには権力と財力が、庭を余すところなく味わい楽しむには、教養に裏打ちされた、風景を美しいと見る感受性と、それを形にする表現力が必要となる。さらに、自然の力の働く場は、自然に、人間界を超えた力の顕現を見る人間の精神が働く場でもある。

庭は出会いの場であり、関係を創り出す場である。庭のもつ場の力が、さまざまな関係を産み出す。植物や動物と身近に接することで自然との関係が生まれるのはもちろんだが、それだけではない。日々庭を眺めることで、あるいは、庭仕事をすることで、人は、自分との関係を結び直す。さらに庭では、人間関係が深まる。園芸好きの人びとの間では珍しい花や植木、それに野菜の苗や種が交換されるし、季節には多量に採れる庭の収穫物が身近な人びとに贈られて、自然の恵みが頒かち合われる。しかしこの頒かち合いは、庭の所有者と収穫物の受け手の人間関係をあらわにし、確認する働きももっている。六義園のような名園は、多くの人びとを引き寄せる。さまざまな人が訪れる庭では、屋敷の外へと人のつながりが広がっていく。

庭を通じて家は、外の世界、自然と社会に開かれる。

生き物である草木が創り出す庭は、もともと、形をとどめにくい。四季を通じて、年月とともに、移り行くのが庭である。花が咲き、葉が落ち、樹木が育ち、植物の種類が変わる。日が差し、雨が降る。その一瞬一瞬に庭は異なるすがたを見せる。持ち主が変われば、形を変える。持ち主がいなくなればたちまち池は埋もれ、木は枯れ、おい繁る草木の下に築山も庭石も隠されてしまう。樹木の枝ぶりの違いや石の形状を見極めながら、庭師が現場で指図して作る日本庭園では、詳細な設計図が残されることもない。

したがって歴史的な庭では、人びとの生活の場で生きている庭のすがたを知ることはむずかしい。私たちが現在目にする歴史的な庭は、六義園を含めて、草木が生き生きと茂り花が美しく咲いていても、やはり遺跡である。庭は、そこに暮らす人の姿があってはじめて十全になる。

信鴻の日記は、感情を排した心覚え的で簡潔な短文の羅列からなり、出来事や人名の特定が困難な場合も少なくない。信鴻の交友は広く、下屋敷を訪れる客も多岐にわたる。親族も多く、屋敷に働く者たちの入れ替わりもあれば、改名も行われる。また、下屋敷には住居と六義園以外にも、柳沢家の先祖の霊を祀った龍華庵や家臣の住宅である長屋、それに畑が設けられていたが、それらの位置関係もはっきりしない。しかしながら、信鴻の細かな記述を読み進めていくと、当時の六義園のありさまと信鴻の庭との関わりが、次第に見えてくる。信鴻という住み手を得て、ふたたび蘇った庭のすがたがそこにはある。そして、大名庭園に限定されない、また作り込まれた自然を眺めて楽しむ場所というだけでもない、庭という場のもつ特性と意味が浮かび上がってくる。

『宴遊日記』は、場の力を秘めた名園、権力と財力はともかくも教養は申し分なく、場所の力を十分に引き出して庭を遊ぶ術《すべ》を心得た庭の持ち主、そして、江戸に都市の庶民文化が花開こうとする時代の、稀に見る幸福なめぐりあいの賜物《たまもの》である。

『宴遊日記』にもっとも頻繁にあらわれる信鴻の子は、大和郡山藩三代藩主になった保光(俳号・米徳)、高家武田信安の養子となった信明(俳号・啜龍《てつりゅう》)、同じく高家六角広孝の養子となった広籌《ひろかず》(俳号・米社)、支藩・越後三日市藩主となった里之《さとゆき》(俳号・珠成)である。信鴻の隠居後、彼らの名前は俳号で記されるので、本書でも俳号を用いる。このほか日記にたびたびあらわれる家族は、側室のお隆《りゅう》、芝新堀《しんぼり》の下屋敷で暮らす母、小田原藩主・大久保忠興に嫁ぎ六本木の屋敷で暮らす姉、関東郡代・伊奈家の養子となった弟・半左衛門忠敬(俳号・米々)、出羽新庄藩主・戸沢正諶《まさのぶ》の室であった妹・翠松院、越後三日市藩主・柳沢信著《のぶあき》室の養女・お千重(お千枝とも、貞操院)、伊勢久居《ひさい》藩主・藤堂高雅《たかまさ》の室であった養女・妙仙院、武蔵六浦藩主・米倉昌賢《まさかた》の室となる娘・お浅である。なお、日記では、母は新堀、姉は六本木と記される(図❶)。

なお、日記の記事は、『宴遊日記』(『日本庶民文化史料集成』第十三巻　芸能記録(二)、三一書房、一九七七)による。引用文については、読みやすさを考慮し、適宜、ふりがな、句読点を補うとともに、現代仮名遣いに改めた。他の文献からの引用も同じである。

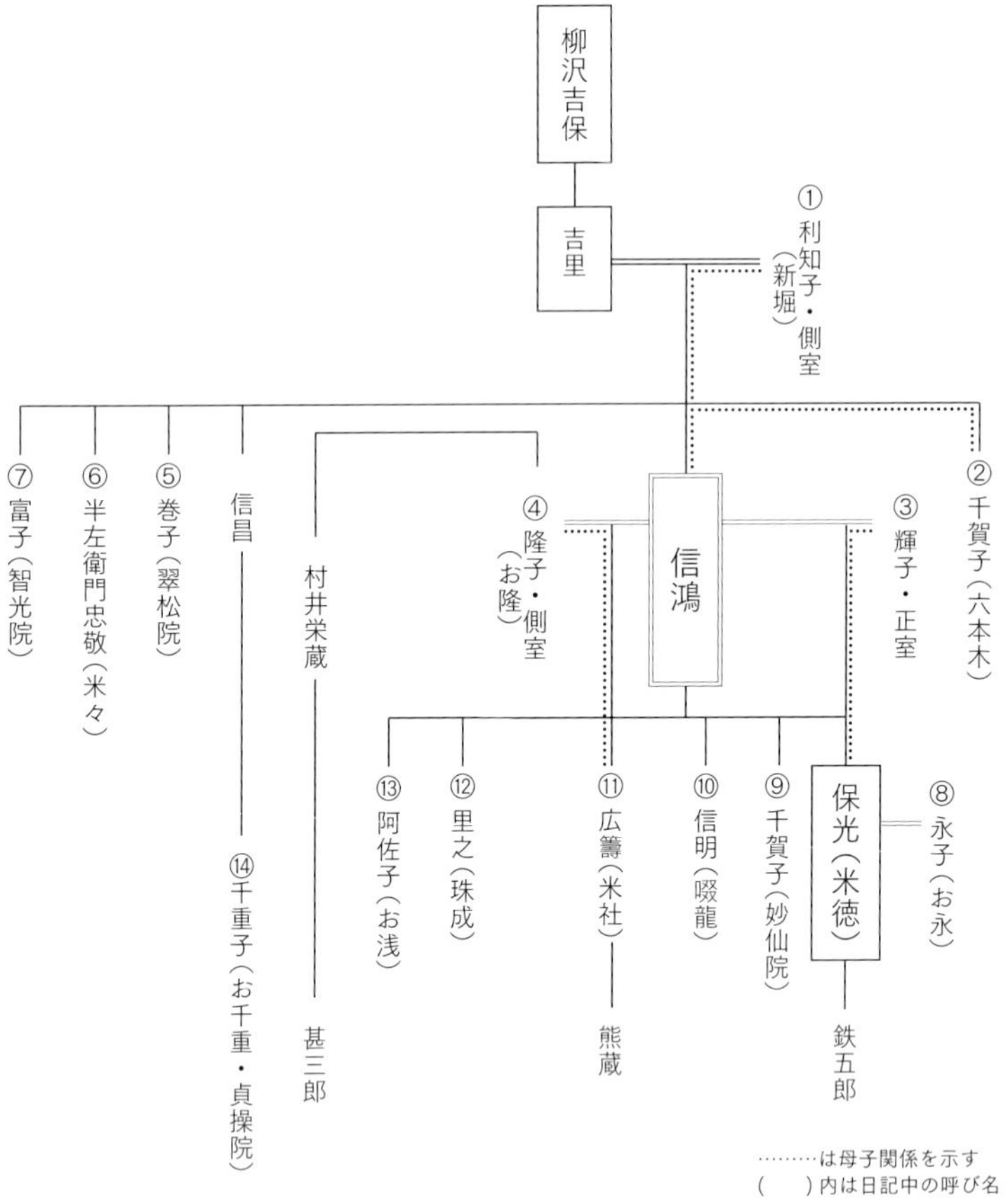

① 利知子：藩士・森平右衛門の娘 / 千賀子と信鴻の母 / 芝新堀の屋敷に住む
② 千賀子：小田原藩主・大久保忠興の室 / 六本木の大久保家屋敷に住む
③ 輝子：松代藩主・真田信弘の娘 / 保光の母
④ 隆子：藩士・村井玉泉の娘 / 広籌の母
⑤ 巻子（翠松院）：新庄藩主・戸沢正諶の室
⑥ 半左衛門忠敬（米々）：関東郡代・伊奈忠宥の養子
⑦ 富子（智光院）：戸田弥十郎の室
⑧ 永子：高崎藩主・松平輝高の娘
⑨ 千賀子（妙仙院）：伊勢久居藩主・藤堂高雅の室 / 養女（兄信睦の娘）
⑩ 信明（啜龍）：高家・武田信安の養子
⑪ 広籌（米社）：高家・六角広孝の養子
⑫ 里之（珠成）：支藩三日市藩主・柳沢信著の養子
⑬ 阿佐子：武蔵六浦藩主・米倉昌賢の室
⑭ 千重子（貞操院）：支藩三日市藩主・柳沢信著の室

図❶ 本書に登場する信鴻の家族

一　山里の隠居所

安永二年（一七七三）五月、信鴻《のぶとき》は駒込の下屋敷に移る。隠居を前提とした移転である。隠居願いが幕府に受理されて正式に隠居が決まるのはこの年十月であるが、この下屋敷への移転は、大和郡山藩十五万石の藩主としての責務から解放された自由な生活への第一歩である。それはまた、庭のある生活、庭とともにある生活の始まりであった。

柳沢家の上屋敷は、江戸城外堀に面した幸橋門《さいわいばしもん》の内側（現在の千代田区内幸町）にあった。この日六つ半、夜明けとともに上屋敷を出た信鴻は、二時間余りかけて、江戸の町の北はずれにある下屋敷に到着する。先に出発した側室のお隆《りゆう》や侍女たちの一行が信鴻を出迎えた。到着したその足で、彼は柳沢家の先祖を祀る龍華庵に参詣し、園を通って帰る。間近に見た六義園に対する興味はなみなみでなかったらしく、ひと休みするとすぐ園に出るが雨が降り出して蟲上亭《こじようてい》で足止めされ、昼には園内を廻り、夕方また園に出る。「その度々は記さず」と書き加えているところを見ると、この日庭に出た回数はもっと多かったことになる。

信鴻の引越しは五月二十三日、西暦では七月二十三日にあたる。この日六義園は、厚い雲が垂れ込め、小雨が急に強くなっては止み、また時折ぱらぱらと降るといった雨もようの一日であった。信鴻は、雨の合間に「東風林樹に渡る」広い園内を廻り歩く。吉保の時代には将軍家のたびたびの訪問でにぎわった六義園も、吉保の死後は訪れる人もなく、手入れも行き届かないまま荒れていた。「この山里は、祖父君の失せさせ給いて後、年久し

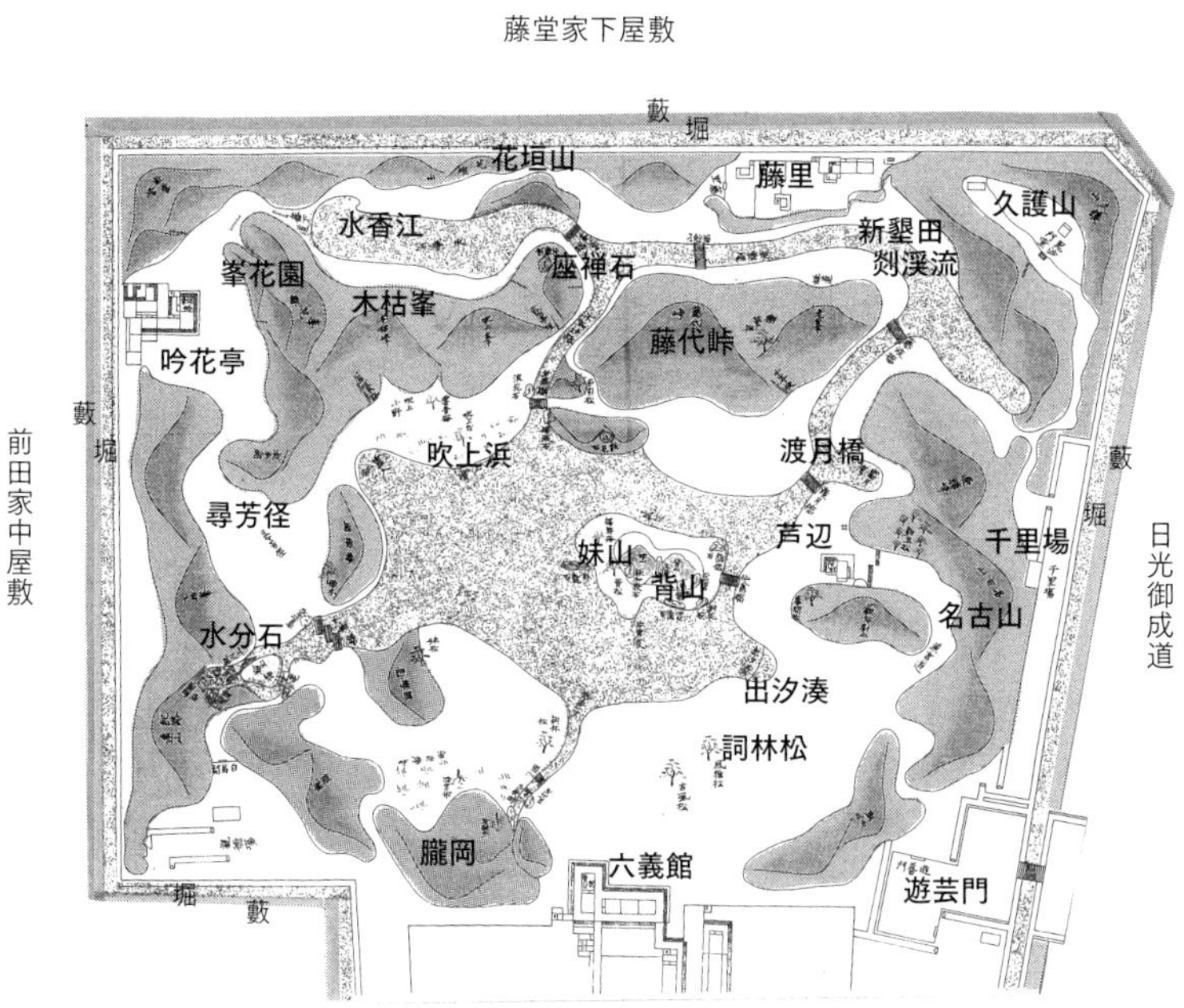

図❷ 六義園概略図

『楽只堂年録』所収「六義園図」より著者作成

く荒れまさりてもなお、昔の名残りをとどめ、山の姿水の心ばえは古き俤《おもかげ》をとどめ（安五・8・15）」と、後に信鴻は、荒れた中にも往時の名園の面影の残る庭のすがたを記している。

吉保没後の六義園がどのような状態であったかを伝える資料は見当たらない。ただ、信鴻が亡くなって二十年が過ぎた文化十年の秋、釈敬順《しゃくけいじゅん》がこの庭を訪れ、その様子を記している。敬順は小日向廓然寺《かくねんじ》の住職で、隠居後、十方庵と名乗り、江戸市中はもちろん遠く鎌倉や安房にまで足をのばして名所を訪ね『遊歴雑記』を著した。彼は染井の菊見物に訪れたおり、「植林長純とかや言える茶道」に頼み、庭係の者の案内で六義園を見た。この時の園内は、立ち枯れの萩に芒《すすき》の穂が枯野の景色となるなか、楓《かえで》がうっすらと紅葉して、心惹かれる秋の野山の風情であったが、手入れが行き届かないようで、園路は落ち葉で埋もれ、枯れた草木が非常に多かった。庭の回復には二百人や三百人の人夫でもなかなか難しいと彼は見る。それでも、作り込んだ庭が多いなかで、六義園は、「天然にして更に山中野外に遊ぶが如く」、絶景とその広さに目を驚かされる。「昔世に時めきし勢なくんばとても作り出せる庭ではないと感嘆しきりである。

敬順が訪れたのは、信鴻の孫・保泰《やすひろ》の時代にあたる。文化六年（一八〇九）には、保光（米徳）の手で六義園の大改修がなされているのだが、大改修から数年にして、庭はすでになかば自然に戻っていた。

信鴻が移り住んだ日も、園のありさまは、敬順が訪ねた時とほぼ同じ、あるいはそれ以上に荒廃が進んでいたであろう。ただ、敬順が訪れた秋とは異なり、梅雨が終わろうとするこの日、地面は水を含んで黒々とあざやかに、草は生い茂り、枝を縦横にのばした木々の葉叢《はむら》はつやつやとかがやいて、園内には自然の生命力がみちあふれていたにちがいない。重く湿った大気を抜けて木々の間を風が渡る。その風を頬に感じながら、心の赴くままに、林の中の小道を信鴻は歩く。それは、江戸城近くの上屋敷では得られない、いや、大名の生活では得られない、新鮮な感覚であったにちがいない。大名生活から解放された自由の気分と、これからの駒込での生活に対する期待とがないまぜになって、木々を渡る風は信鴻の心の中を吹き抜け、自由の気分を実感させたのではないか。その感触を確かめるために、信鴻は、つい何度も庭に出て、あちこち歩いたのではないだろうか。

そして、信鴻はこの日の日記の終わりに、「老鶯《ろうおう》啼き、俗にいえる雨こい鳥かっこうひぐらし声絶する時なければ、近寺の鐘に時を知るおかしき山里の居住也」と記す。駒込での暮らしを、「山里の居住」とするのである。

たしかに、駒込の地は江戸のはずれであった。下屋敷も、津藩藤堂家の下屋敷と加賀藩前田家の中屋敷に接するが、屋敷の門前は百姓地で、街道沿いに並ぶ一筋の町家の背後には田や畑が広がる（口絵・江戸切絵図）。「ほととぎす鳴くや加賀殿和泉殿」と、後に信鴻が詠むように、隣り合う大名屋敷は広大で、大木が鬱蒼と茂り、六義園でも、園内の木々には鸛《こうのとり》や朱鷺《とき》が巣をかけ、狐《きつね》も棲み着く。広い庭は、草を刈り、蕨《わらび》や野草を摘み、茸《きのこ》を採り木の実を拾う田舎暮らしの場を提供する。引越しの日にも下屋敷は数々の小鳥や蟬の声に包まれており、その鳴き声が下屋敷の最初の日の印象として信鴻の心に強く残ったことも事実であろう。したがって、この日記の記述は、江戸の町の中心から町はずれの田舎へ移転したことへの感慨ともとれる。だが、それだけだろうか。

山里には、古来、山中の人里と郊外の山荘、そのいずれもの意味がある。そしてこの山里には、平安時代以来、隠逸《いんいつ》の場、侘び住まいの場としてのイメージが付与されてきた。その伝統が信鴻の時代にも生き続けていたことは、秀吉が肥前名護屋城と大坂城に、山里を再現した茶のための空間である山里丸を設け、江戸城西の丸の山里丸が、江戸図屛風に、藁葺き屋根を囲む深い木立として描かれていることにもあらわれている。柳沢吉保の側室・正親町《おおぎまち》町子による吉保栄華の記録『松蔭日記《まつかげにっき》』も、「駒込の山里は、いとひろらかなるところをしめて」と、下屋敷を山里とする。

「ひぐらしの鳴く山里の夕暮れは風よりほかにとふひともなし」と、『古今集』におさめられた読み人知らずの歌は、山里の静寂と孤独を蜩《ひぐらし》の鳴き声と夕暮れに代表させる。信鴻の記した鶯《うぐいす》の鳴く音も、郭公《かっこう》や蜩の声も、そして山寺の鐘も、長く認められてきた山里の典型的な風物である。したがって、信鴻は駒込での最初の日に、雨に煙る林、鳥の声、夕暮れの鐘の音と、山里の基本的なアイテムを並べて、隠逸の場所としての六義園の特性を

描き出したといえる。その意識は、翌日、

染井の山里に世をのがれて
住み侘びし都はなれて山里に身をのがるべき木隠れの宿

と詠んだ歌にもあらわされている。信鴻にとって、駒込の地はまず第一に、隠逸の場、隠居して余生を過ごす場であった。

六義園が俗世を離れた山里であり、そこでの生活が、隠逸の生活に連なるとする意識は、この後も、日記の随所にあらわれる。

この年、駒込で初めて迎える中秋には、

この秋染井の山里に住み侍れば、叢毎《くさむらごと》の虫などおりからの情に叶いて、心すむ幽居のさま、吉田将資のすさみにたがいぬるもおかし
海遠く松原近き月見哉

と園内の草むらに虫のすだく下屋敷での暮らしを、吉田将資を引き合いに出して詠う。吉田将資は、野の山里を閑居にした『徒然草』の作者、吉田兼好ではないだろうか。もっと

もここには、「すさみにたがいぬるもおかし」と、信鴻の山里居住が先人の侘び住まいとは少々異なっているとの意識も表明される。

ついで九月十三日、後の月に、俳諧宗匠たちに配った刷物には「秋もやや更け行く山里のさま、五柳《ごりゅう》先生の田園にも似たらんかし」と、こちらも、官を辞してふるさとで田園生活を送った陶淵明の隠棲の地に下屋敷を重ねる。そして、十月、正式に隠居が認められて保光の家督相続が終了した直後、「染井の仙屈（窟）に遊び給うけるを賀し奉りて」と詞書《ことばがき》のある家臣の祝いの句に対し、「その鶴に乗りて高隠伝のかずに入らん事を悦びて」と返す。隠居することは、「高隠伝の数に入る」、つまり、隠逸の伝統に連なることである。

翌三年三月二十七日にも、

菊貫の主はるばるこの山里まで来りたまうは、清女が北山里へ行しに（略）都人の興したりしにも似侍らんかし

大名へ蕨《わらび》おませむ世捨て酒

と松代藩主・真田幸弘の訪問を、清少納言の北山訪問の逸話に重ねる。清少納言の北山訪問とは、『枕草子』九十九段にある、杜鵑《ほととぎす》の声を尋ねて訪れた清少納言一行を、賀茂の奥の松崎に別荘をもつ高階明順《たかしなあきのぶ》が手ずから摘んだ蕨でもてなしたことを指す。

安永四年六月には、俳諧の師である珠来《しゆらい》への返歌に、「かく遥けき山里にかくろい住めるあたり迄も、道も迷わず訪い物せられしに」（安四・6・7）との詞書を添える。また、親しい俳諧宗匠の米叔《べいしゆく》も、下屋敷を訪ねて次のように詠む（安五・6・5）。

仙窟に侍坐して夏の暑さを忘る
琴を弾き書を繰《く》る風の涼しけれ

この句にも、六義園での生活が、琴棋書画《きんきしよが》と言い習わされる、風流韻事に裏打ちされた山里の生活の伝統に重なるとする理解が認められる。

もっとも、山里での隠逸を表明しながら、信鴻も自覚していたように、実際の信鴻の生活は、侘び住まいの隠者とはかけ離れていた。まず、駒込の地は、町外れとはいえ大都市江戸の郊外である。人里離れた山中ではない。山東京伝の『蜘蛛の糸巻』は、天明中期の市中総人数は百万を超えるとしている。浅草や上野の盛り場も近く、信鴻は頻繁に出かけて見世物や茶屋での飲食を楽しむ。芝居見物にも熱心である。さらに、信鴻が好んだ俳諧は、句の優劣を競い、高得点者には景品が出る遊戯的な点取俳諧である。

時代は、江戸において都市文化が花開いた田沼時代である。信鴻はその果実を十分に味わうほどに時代の流れに敏感であり、好奇心旺盛である。したがって、山里を標榜しながらも、彼の六義園での生活は都市的性格の強いものであった。さらに、隠居したとはいえ、信鴻は元大名であり、その格式は終生ついてまわった。外出には大勢の供が付き従い、身元はすぐにそれと知れた。下屋敷への訪問者も多い。端的に言って、六義園での信鴻の生活は忙しく、にぎやかであり、孤独で内省的であるべき世俗を離れた隠逸の生活は、信鴻の身分や性格からも、地理的、社会的状況からも望むべくもなかったのである。そして、彼自身、そのことを十分承知していた。

それでも、信鴻は、六義園を隠逸の場として構想していたふしがある。隠居した大名が、世捨て人として風流三昧に暮らすことは、この時代、望ましい生活のあり方と考えられていた。吉保も引退後六義園で暮らすが、隠居の時が近づくと、「壺中天」の額をかけた東屋、阿弥陀堂、楽秋圃《らくしゅうほ》と名付けられた菜園、新墾田《にいはるた》など、神仙世界や浄土、農村をイメージさせる施設を新しく設けて、六義園に隠逸の場としての性格をもたせている。

信鴻の隠居の意向はこの年（安永二年）正月に内々に表明されていたが、具体的な動きが始まるのは五月からで、駒込下屋敷への移転願を出した翌日、十四日に隠居所の絵図にとりかかる。その数日前には、六義園の水分石《みずわけいし》にある小亭に掲げられた扁額の文字を改めて蠱上庵《こじょうあん》と名付け、聯字《れんじ》とともに三男の啜龍《てつりゅう》に命じて長崎の人、松浦東渓に書かせる（安二・5・10）。小亭はこののち蠱上亭と称されることになるが、蠱上とは、易経の卦の一つである蠱《こ》の最上位を言い、「王や諸侯に仕えずに、ひとり自分のなすべきことを高尚にしているさま」*1で、世俗の官位に煩わされない、隠退者や王公の師である者の位置を意味する。蠱上を亭の名に選ぶことで、信鴻は、自身の隠逸者としての立場を示す。

蠱上亭のある水分石は、和歌浦に見立てられた六義園の景の一つで、紀の川上の奥に据えられた石組である。水分石のすぐ上の築山には吉保の時代、すでに茶屋が設けられており、中島の眺めはこの茶屋からが一番とされ、黄檗山《おうばくさん》の悦峰和尚が西湖の眺めに似ているとして賽西湖《さいせいこ》の額をかけたと、『松蔭日記』は述べる。この茶屋が、水分石の茶屋であろう。

六義園の完成は元禄十五年(一七〇二)七月五日である。完成からひと月ほど後、吉保はこの地を訪れて園を六義園と命名し、園内にさまざまの名所を設けてそのあらましを「六義園記」に著す。この記において吉保は、「紀の川上は隠者の住所なること、古記にもみえたり」と、紀の川上一帯を隠者の住む場所と見なしている。したがって、庭を見晴らすこの場所にある茶屋に隠逸を意味する名をつけることは、園の構成上からもふさわしかったといえる。蠱上亭は、安永四年に表御殿が完成するまで、訪問者との歓談や俳諧の会といった庭での催しのほとんどが行われる、園内の中心的な施設となる。

太隠山《たいいんざん》の名前が初めて現れるのは安永二年九月である。十四日に「友諒出る、太隠嶺にて逢う」とあるのがそれである。友諒は、退隠の手続きを執り行った上級職の家臣である。

隠居願は二十五日に出されるので、この日の友諒の下屋敷訪問は、家督相続にまつわるさまざまな手続きが無事終わり、隠居願いが提出の運びになったことの報告であろう。ついで、二十二日に「太隠嶺表庭の芝を刈る」、さらに十二月三十日の「歳暮」の句に、

園中の太隠嶺に上がりて
静けさよ江戸の師走を高みから

と、この年の暮れまでに都合三回、太隠嶺の名が記される。そして、翌年から、太隠嶺にかわり、太隠山の名が頻繁にあらわれる。

太隠山は吉保の定めた景には含まれておらず、信鴻の命名だと思われる。だが、命名の経緯もその場所もはっきりしない。ただ、太隠山ではこの後たびたび納涼が行われる。また、歳暮の句に詠まれていたように、園の外を見晴らす場所でもあり、近隣に火事が起きるたびに太隠山に登って場所を確かめる。となれば、園内の一番高い築山である藤代峠ということになろう。藤代峠は紀の国の歌名所・藤白峠からの命名である。景の名称や表記の仕方には資料により多少の違いが見られるが、嶺と峰のつながりからも、太隠山を藤代峠と比定することの妥当性はあると考えられる。なお、藤代峠は、富士山を望むところから富士見山とも呼ばれる。

さて、太隠の言葉は大隠《たいいん》を連想させる。隠者のうちでも、俗世間を超越し、俗事に心を惑わせることのまったくない真の隠者である。「大隠は朝市に隠る」、真の隠者は街中に住むとするこの『文選《もんぜん》』の言葉は、当時教養ある人びとの間ではよく知られていたはずである。大と太の混用、あるいは言葉の遊びをここに認めるならば、園内第一の築山を太隠山と呼びかえて、信鴻は六義園を隠退の場所として性格づけたといえる。それも、洒落心に満ちた遊びの気分とともに。

安永五年に建てられた茶屋にも、隠逸の気配は見て取れる。茶屋の建設は、この年七月二十二日に「太隠山の裏へ廻り、くつ屋立てる場を定む」と始まり、柴門と生垣ができて四ヵ月後の十一月に完成する。「くつ屋」とは、窟屋《くつや》であろうか。中国唐代の小説に『遊《ゆう》仙窟《せんくつ》』があるように、仙窟は仙人の住む洞穴であり、俗世間をはなれた住まいである。米叔も、詞書で「仙窟に侍坐して」と述べていた。蟲上亭とは異なり、この茶屋に名が付けられることはなく、山裏茶屋、山裏茅屋《ぼうおく》、あるいは単に茅屋、茅廬《ぼうろ》、田舎家と記される。したがって、この茶屋には山中の名もない粗末な家としてのたたずまいを持たせようとしていたことがうかがえる。

この茶屋の様子を『遊歴雑記』は、藤代峠が富士見山とも称されると述べたのち、

また後ろに山二つ重なれり、其狭道《そばみち》の間屈曲の摸形自然にして、橋を越えて藤の里の藁屋《わらや》に至る、此家更に農民の舎《やど》の如し、是より東に萩の原川添に山吹の汀を過ぎて

久護の社に至る。

と茶屋が藤代峠の背後の藤里《ふじのさと》にあり、山間の道の果てにある藁葺きの農家のようであるとする。彼によると、茶屋は、侘びしい枝折り戸のある田舎めいた生垣に囲まれ、藁屋の大きさは六間半に二間半で、内部の長囲炉裏、縄暖簾、筵《むしろ》、屏風も農民の住まいのように見える。しかし、勝手の棚板などは皆秋田杉や黒部杉あるいは寄木細工で作られ、「造作の木口、外又察すべし」と、実際は、高級な材料を用いた凝った造りの建物であった。

文化十年（一八一三）は信鴻の死から二十年後である。その間には長男の米徳による園内整備が行われているので、敬順の見た茶屋が信鴻の建てた茶屋と同じだとは限らない。しかし、建て替えられた場合でも、茶屋の規模や雰囲気に大幅な変更が加えられたとも考えにくい。藤里はもともと衣通姫《そとおりひめ》が藤原の里に住んだという『日本書紀』の記述により命名された。衣通姫は、玉津島姫と同一視され、和歌浦の玉津島神社に祀られる和歌の神である。和歌の神にちなむ場所を、名もない藁葺きの農家風の茶屋を設けることで、信鴻は、草深い田舎に変える。藤里も、山裏と呼ばれる。

後に六義園を訪れた狂歌師の大田南畝も、庭のありさまを、

　茅廬は田間の径に入るに似

　厨饌《ちゅうせん》は頻りに月下の樽を開く

憶《おも》う昨春光曾《かつ》て寓目《ぐうもく》せしことを
重ねて来たつて更に仙源に酔うを喜ぶ

と詠む（『南畝集　丁未』）。六義園を仙境とみなし、田園の茅屋を仙境の必須アイテムとみるのが、当時の文雅を解する者たちの間の約束事であったのである。

駒込への移転から一週間ほど過ぎたある日、信鴻は五男の珠成と園中で迷い、翌日、絵巻物を手に六義園を歩く。六義園の絵図はいくつか知られるが、絵巻物ということになれば、吉保の時代に作成された「六義園の図」がまず、思いおこされる（口絵）。狩野常信とその息子たちにより六義園の完成からほどなくして描かれた三巻からなるこの図には、遊芸門《ゆげのもん》から始まる園内の景が、優美な大和絵で描かれる。巻物を広げると、なだらかな芝山に並ぶ枝振りのよい松、紅葉に囲まれた六義館、その前に広がる大きな池と見事な石組といった園内の景色が、園路をたどるように、次々に現れる。花が咲き、鶴が遊ぶ園内は、のどやかでありながら、静寂のうちにある。信鴻の手にした絵巻物がこの絵巻であったのかどうかはわからない。しかし、どの絵巻であったにせよ、目の前に広がる庭と絵巻に描かれた庭とがあまりに違っていることに、信鴻は驚いたにちがいない。うっそうと茂る木々とはびこる芒《すすき》や茅《ちがや》に、園路も築山も石組みもすべて埋もれてしまっていたのではないだろうか。道に迷ったのも、信鴻が園に不案内なだけでなく、生い茂る草木に視界をさえぎられて方向を見失ったせいかもしれない。

六義園は、何と言っても、五百三十石の小姓組番衆から十五万石の大名へと、綱吉の側近をつとめて異例の出世をとげた柳沢吉保の権勢の産物である。和歌を主題とした庭は、古典に傾倒し、精進し、精通した吉保の知識と美的感覚、言い換えるならば教養の産物でもある。この下屋敷は、加賀前田家の中屋敷の一部を分割して与えられた土地が始まりで、その後周辺の土地が加えられて敷地が広げられる。六義園が完成したとき、屋敷の規模は五万坪あまり、そのうち庭園は三万坪であった。吉保の事跡をしるした『楽只堂年録《らくしどうねんろく》』には、元禄十五年（一七〇二）七月五日、「駒込の別墅《べつしょ》、営構落成。地の広さ三万歩。仮山《かざん》（築山）、剰水《じょうすい》（池）極めて野趣を尽くせり」とある。

この庭を本来の姿に戻すこと。それが、信鴻が下屋敷に移って、まず行ったことである。幕府より隠居の許可が正式に下りるまで屋敷内に止まるしかなかった信鴻にとって、それは、かっこうの気晴らしであったにちがいなく、暑い夏のあいだ、信鴻のもとで屋敷の者たちは毎日のように草刈りや雑木伐りに精を出した。その労苦が実り、秋、隠居の許可が下りる頃には、生い繁る草木は切り払われて、庭はある程度の形を整えるまでになる。そして、翌年の春から、信鴻の庭作りが、本格的に始まるのである。

二　庭の歳月

池

安永三年元旦、駒込で迎える初めての正月、信鴻は「君恩に先ず元日の朝寝かな」と、朝寝のできる隠居生活の自由の喜びを詠む。年の初めの日、大名は皆、夜明け前に行列を整え、江戸城に出かけて将軍に拝謁しなければならない。藩主の座についてから二十八年間続いたその勤めから、ようやく解放されたのである。ところが、上野や浅草を訪れ、親しい者たちが年賀に訪れる正月気分を満喫する信鴻の前に、池の鮒《ふな》をくわえた犬があらわれて、状況は一変する。あるべき池の水がすっかり涸れていた（安三・1・9）。そこで寒空の下、屋敷の者たちは、池を掘り桶に移して、池の魚を救い出すことになる。

六義園において庭の中心をなすのは大きな池である。「ひろき池のこころばえ、はるかなる山のすがた」と『松蔭日記』が述べるように、和歌浦に見立てられ、満々と水をたたえた大きな池が、六義館の正面に広がる。池に浮かぶ妹背山と、背後にそびえる藤代峠があいまって、池と中島と築山からなる六義館からの庭の眺めがつくられる。ところが、平面図を見ると、対岸の山とみえる藤代峠が島であることがわかる。歩いた時には山あいの小川のような剡渓流《せんけいのながれ》も、山中の沼地にしか見えない水香江《すいこうのえ》も、どちらも池の一部である。敷地の真ん中に大きな池を掘って大小二つの島を並べ、周囲を築山で囲むというのが六義園のおおまかなレイアウトであり、築山の配置の妙で複雑な汀線《みぎわせん》を生み出して変化に富む風景を作り出すところに、この庭のデザインの卓越性がある。

このように水をふんだんに使う庭を造るには、水源の確保が第一の要件となる。吉保の頃、池の水は千川上水から引き入れられていた。綱吉により開削が命じられたこの上水の水を六義園が利用できたことに、綱吉と吉保との親密な関係を窺うことができるのだが、綱吉の死後、享保年間には千川上水の江戸市中への給水が停止され、六義園への水の供給もとまる。

主要な水源を失った池は、その水を雨水と湧水に頼ることになる。今日の姿からは想像しにくいが、信鴻の時代、池の水量は、当然のことながら、天候により絶えず変化し、池が涸れ尽くすこともしばしばであった。池は通常、夏増水し冬減水するパターンをとった。しかし、水位は一定せず、その変化も急で、夏に涸れ尽くす年もあれば、春先に満水になる年もあった。

安永三年の正月に「今日までに泉水涸れ尽くす（1・9）」とあるのが、池の水位に関する日記の記事の最初である。この時から信鴻は、池の水に注意を向けるようになり、水位の変化をたびたび日記に書き留めて、水量への関心の高さを示す。

正月に涸れ尽くした池は、四月初めに「深更《よふけ》大雨、枕に響き寝がたし（4・5）」と眠りを脅かすほどの大雨が数日続いて、ようやく水が溜まる。すると、待ちかねたように、屋敷の者たちは舟を浮かべて遊ぶ。といっても、息子の米社と珠成が竿をさし、家臣の覚衛門と長純を対岸に渡せば、信鴻も草刈りに出て「舟を漕ぎ遊ぶ（4・19）」といった、遊びとも呼べないようなたわいないものである。大きな池のある家に住むのも、舟を池に浮かべるのも、下屋敷の生活がもたらした新しい経験だったのであろう。米社は、養子先の六角家が小石川富坂下にあり、母がお隆であることもあって、ひんぱんに下屋敷を訪れる。この頃にはまだ部屋住みであった二歳違いの弟・珠成とはよい遊び友だちで、庭での遊びを共にすることも多い。

しかし、このように池に十分な水があったのはわずかの間で、六月の暑さでまず沼池や流れが涸れ、七月になると池も涸れる。信鴻は、「当年多き時五分に至らず、涸すれば山の南北陸と成り、歩すべし（7・11）」と、しばしば池底を歩けるほどに涸れる、この年の水の少なさを記す。そのせいであろうか、八月五日に池底を深くする工事を始める。ところが、十日後には大雨が続き、「泉池、水一盃に成る（8・21）」、「泉池、当年始めて水満つ（8・22）」。多分、工事は無駄になったであろう。水が溜まると信鴻はまた、「舟ことごとくめぐらすべし、南岸下の初菌《はつたけ》八つ取る、舟にて帰る（8・21）」と、満々と水を湛えた池に舟を浮かべる。この水は九月末から減り始め、十月末には八分の水となり、翌年一月にまたことごとく涸れて、池底の芥《あくた》を取り捨てることができるまでになる。この年、池に溢れるほど水が溜まっていたのは、八月下旬から九月末までのひと月余りにすぎなかった。

この後もそれぞれの夏は、屋敷の者たちにとって、池の水をめぐる出来事で記憶に残ることとなるのだが、安永八年は、水涸れの池から魚を救出することにあけくれた夏であった。七月一日には少ないとはいえまだ十分の一あった水が、南風が強く「大快晴」がつづいて干上がり、五日にはとうとう池底にいくつかの水溜りが残るだけとなる。そこで屋敷の者たちは、水溜りに取り残された多数の魚を天水桶に移す作業を始める。信鴻も、翌日の昼、泉池の小魚を取り、夕方にも小魚を一升ほど取る。翌日も、太隠山の草刈りの合間に魚を取る作業を続けるが、この日は、魚を入れた天水桶の箍《たが》がはずれ、魚を風呂桶に移して桶屋を呼ぶ騒ぎとなる。その後も、「小鮮《しょうせん》三百計《ばかり》取る（7・8）」、「小鮮五、六百取る（7・10）」、「小鮮五百計とる（7・11）」と、連日魚を移す作業が続けられる。とうとう天水桶では足りなくなり、池底に井戸を掘るがその水も減り、結局、底をさらってすべての魚を天水桶に移す。その合間には、家臣に命じて鳰《にお》（かいつぶり）の雛を水のある不忍池に放しに行かせ、酸素不足で魚が浮き上がるので桶の水を取り替え、さらには、浅い水に群がる魚を目当てに集まる鷺《さぎ》を追い払う案山子《かかし》を立てなければならない。

暑さの中、池の魚の世話に追われる日々が十日あまり続いたのち、とうとう魚溜を掘らせることになるのだが、魚溜が完成し、掘った者たちに酒を振る舞ったちょうどその日から雨が降り始め、二十四日には魚を戻すことができるまでに水が溜る。といっても水の少なさは変わらず、この年は、八月末に台風が来て一晩で水が一杯になるまで、沖は「水すこしもなし（8・26）」の状態が続くのである。ちなみに、浅くなった池の魚を鳥が取りに来るのには悩まされたようで、水涸れの池に鷺が来るのを防ぐため、俳諧仲間の笠志《りゅうし》のもとから落ちた鳥をもらい受けて池に吊るし、鳥威《おど》しにした年もある（天四・閏1・10）。

天明元年は一転して、「泉池日々湧き」、水を堪能する夏となる。七月十七日に大雨が降って水が岸を越え、翌日には妹背山の芝の上九尺（二・七メートル）に達し、翌々日には中島の半ばまで水が上がる。その後も水は増え続け、妹背山の芝はすべて水に浸かり、水《みず》分石《わけいし》は完全に水の中、塀の外も水である。この水にあふれた庭を、屋敷の者たちは「皆、水中を歩み、遊ぶ（7・22）」。十日ほどの間、毎日増えて行く水を、ぞんぶんに楽しむ。幼い子どもたちも大人たちのあとについて水の中を歩き、池で泳ぐ者もいる。蓮池の水が膝を越した日には、「長局《ながつぼね》下婢共、水中に遊ばしむ（7・28）」と、下働きの女たちにも水を楽しむ許しが出る。信鴻も園中を裸足《はだし》で巡り、栗拾いにも裸足のまま、蓮池付近の水を渡って出かける。

妹背山の水が引いて岸の鯨石の背が少し現れたのは八月二十五日である。水はひと月以上、園内に溜まっていたことになる。この水はゆっくりと減り続け、十一月半ばには三分の一にまで減少して湿地化した岸辺に鶴が訪れる。それからの水の減り方は急で、一ヵ月ほどで池の東北部分が涸れ尽くし、水のわずかに残る池に白鷺やへら鷺が六、七羽、遊ぶ姿が見られるまでに水位が下がる。

実は、この天明元年には、二月に池を掘って南の岸が補強されていた（2・10）。この時信鴻は、一昨年、つまり安永八年の秋、同じように南岸を補強したが八月の大雨でまたたく間に池が溢れ、昨年は水が涸れることはなかったが、今年は早春より水が涸れたので、また、池を掘るのだと記している。抜本的な解決策はないままに、絶え間なく、水涸れを解消するための工事が、六義園では続けられていたことになる。

天明年間、水は概して豊かで、夏の間に池の水が涸れることはない。特に天明三年は雨が多く、六月に降った雨で、池が満水の状態は秋まで続く。その池の様子を信鴻は、「泉池十分の水、岸を浸す、南風浪を揚げ、風色好し（6・18）」と記して、水を満々とたたえた池の面に風が渡り、さざなみが立つ景色を愛でる。そして、「此頃、泉池盈溢《えいいつ》、昔日の如し（8・25）」と、絵図に描かれた昔の華やかな時代の池に、思いをはせるのである。もっともこの水も、九月九日には減り始め、水際の崖が日々見えるようになる。したがって水の多いこの年でさえ、池が満水であったのは三ヵ月に満たなかったことになる。天明元年から六年まで、千川上水の江戸市中への給水が再開されるが、天明年間を通じて毎年一月には池の水が涸れているところを見ると、上水の水が六義園に供給されることはなかったようである。

池の風景もそこでの人びとの行為も、年の天候に左右され、絶えずそのありようを変化させる。圧倒的な自然の力に翻弄されながらも、信鴻の対応には、柔軟さと遊び心が感じられる。池が干あがれば、屋敷中の者たちが総出で魚や水鳥を救出し、井戸を掘る。水が満ちると舟を浮かべ、溢れれば、水浸しの園内を裸足で歩いて足に触れる水の感触を楽しむのである。大規模な工事はおぼつかないが、毎年少しずつ手を入れて、池を深くし護岸を補強することにも怠りない。

この池が、信鴻の六義園との関わり方を象徴しているように思われる。六義園は、信鴻にとって、祖父から受け継いだ天下の名園であり、一族の誉である。しかしながら、祖父の時代の権力や財力はもはや望むべくもなく、この庭が将軍家を迎える晴れやかな儀礼の舞台となることもない。庭の中心であるべき池の水がたびたび涸れることは、庭が本来あるべき姿を失っていることを意味する。しかしながら、このような不完全な庭を受け入れざるをえない状況の中で、信鴻は、庭と折り合いをつけながら、徐々にその姿を整えていく。それも、自身が直接庭仕事にいそしむことで、庭の姿を取り戻そうとするのである。その過程を楽しむことも忘れない。この時、権力や財力の代わりとなるのは時間であり、日々庭の状態に目を配り手入れを怠らない所有者・信鴻の存在である。

水を満々とたたえた池に雨雲の間から夕日が射し入る午後、「園池おかしければ」、部屋で、吉保の側室・正親町町子による『松蔭日記』を屋敷の者たちに講義する（天元・6・13）。暑い夏の日が終わろうとする日、お隆と連れ立ち園中に散歩に出た夕暮れには、ひんやりとする風をうけて「泉池漣漪《れんい》」、池の面にさざ波が立つのを二人で眺める（天三・

6・19)。いつくしみ手をかけた庭は、時に、思いがけなく、信鴻にその本来の美しさを垣間見せ、心を奪う。

花の庭をつくる

「全能の神は初めに庭園を造った。それは本当に人間の楽しみの中で最も純粋なものである」と、イギリスの哲学者フランシス・ベーコンは述べる。*2 彼は、「庭園を王侯にふさわしく整備するにあたっては、庭園を一年のすべての月に適するようにし、庭園内の美しい草木がその時どきに、それぞれ最盛期を迎えるようにしなければならない」と、一月から十二月まで、それぞれの月にふさわしい草木のリストを掲げ、その趣旨を、「常春《とこはる》」を楽しむことのできるようにしたい、ということだとする。

この、年中花が咲き誇り、いつでも春のように長閑《のどか》であるべきだとする庭の理想像は、我が国でも共有されていた。寛政の改革で知られた松平定信が、築地の下屋敷に、寛政五、六年の頃というから信鴻の死後ほどなく作った庭園、浴恩園《よくおんえん》の図には、常春の庭が描き出されている。なかでも、浴恩園の全景を俯瞰的に一枚の画面に収めた「浴恩園真寫之図」(岡本茲奘筆・天保十一年)は、常に花の咲き誇る理想的な庭のイメージをあざやかに眼前させる。

同図は、画面の右半分に満開の桜に囲まれた春の池を、左半分は朱に染まる紅葉に囲まれた秋の池を描く。さらに、春の池の傍には牡丹園が、秋の池の手前には梅林、桃林、蓮池、萩群、菊花壇が描かれて庭全体を華やかに彩り、見る者を、四季の花がいちどきに花ひらく、この世ならぬ世界に誘う。池上に数羽の鶴が舞い、水面に水鳥が遊び、色とりどりの花々が咲き乱れる庭は、さながら楽園のおもむきを呈す。春の池と秋の池からなる庭の構成に、春と秋に代表させて四季を取り込もうとする定信の意図をみることもできよう。

白河藩の絵師・星野文良による「浴恩園真景図巻」も、四季の花が一度に咲き誇る夢の国を描く。「六義園の図」に描かれるのも、花盛りの桜と躑躅《つつじ》が紅葉と隣り合い、池の岸には鶴が遊ぶ光景である。六義園もまた、花紅葉に溢れた晴れやかな場所であるべきだと考えられたのである。

安永三年春、庭仕事を本格的に始めるにあたり、信鴻がまず、吟峨亭の山へ桜を植え(2・2)、ついで園中の藤を三株、吟峨亭へ移したのも(2・5)、彼の心に、この花の庭へのあこがれがあったのだと考えてまちがいないであろう。

信鴻が六義園に移った頃、園に残されていた建物は吟花亭と蠱上亭の二つである。信鴻は吟峨亭、あるいは吟哦亭と記すことが多いので本書では吟哦亭とするが、吉保は吟花亭と名付け、白楽天にある「花開催鳥吟」の詩の心を思って名付けたと「六義園記」に記している。したがって吟花亭は、花に囲まれた亭ということになる。亭へと続く道は尋芳《はなとう》径《こみち》、道のかたわらの小山は下折峰《しおりのみね》、亭のむかいには峯花園《みねのはなぞの》と、吟花亭の周囲の景にはいずれも吉野山にちなむ名前がつけられている。吟花亭も吉野の里とつけたいが、妹背山に吉野を詠んだ歌が多く、また、吉の字が綱吉の吉と重なるので、吉野を避けたのだと吉保は述べる。吟花亭と吟峨亭、ここにも信鴻の言葉遊びがありそうだが、花の吉野に見立てられた山の亭を吟峨亭と読みかえながらも、その場所に吉野にちなむ桜をまず植え、ついで藤を植えたことに、吉保当時の庭の面影を取り戻そうとする信鴻の意図があらわれている。さらに、この年の信鴻の庭仕事が花の庭の再現から始まったことは、庭における花の要素の重要性を物語る。

もっとも、この年三月末に吟峨亭で行われた花見の花は、桜ではなく満開の霧島躑躅《きりしまつつじ》である。よく晴れて暑いこの日、側近や医師、龍華庵の庵主・義範などが席に連なり、田楽と菜飯がふるまわれた（3・25）。

信鴻が移転した頃の六義園には躑躅が多かったようで、この年八月から九月の半ばまで、庭の手入れのほとんどは躑躅の剪定に費やされる。躑躅の手入れの場所は、吟峨亭と峯花園のほか、峯花園の奥の花垣山、水分石、池の対岸の名古山《なもふるやま》と芦辺山、渡月橋上の埠《ふ》（土手）、それに毘沙門堂と数寄屋跡で、園内のほぼすべてにおよぶ。

躑躅は、寛文から延宝にかけてもっとも流行し、多くの品種が生み出される。染井の植木屋・伊藤伊兵衛は、躑躅のコレクションで知られており、元禄五年（一六九二）に躑躅の花形を図にあらわした『錦繡枕《きんしゅうまくら》』を刊行する。同書には、躑躅一七三品、皐月《さつき》一六一品が収められており、大輪・中輪・小輪の大きさの違いに加え、咲き分け・絞り・更紗《さらさ》・鹿子《かのこ》・腰蓑《こしみの》・きれ咲き等の異なる花柄やかたち、赤・白・紫以外にも紅・薄青・薄紫・桜色・朽葉色《くちばいろ》といったさまざまな色の躑躅を紹介し、当時すでに形や色の異なる躑躅が多数存在したことを伝える（図❸）。六義園の造営が始まったのは、同書の刊行から十年後の元禄十五年である。伊兵衛は、享保十八年（一七三三）にも、『長生花林抄《ちょうせいかりんしょう》』の名で躑躅の花形を集めた書を再度刊行しているので、躑躅の人気は六義園の造営の頃も高かったことになる。

『松蔭日記』は、六義園造営時、「何くれの石、うえ木ようのもの、いささかも心あるかたちしたるは、皆此《この》御りょうにとて奉りつ、日ごとに、車あまた引連れて」と、珍しい石や植木を、人びとが競って贈り、門前がその車で混雑したと述べる。とびきり珍しい色やかたちの躑躅も、それらの植木に含まれていたことは当然考えられる。伊兵衛の家は下屋敷のすぐ近くにあるので、伊兵衛から直接取り寄せられた躑躅もあったであろう。

「六義園の図」を見ると、吟花亭の前には峯花園まで芝生が続き、峯花園には躑躅の類とおぼしい花が描かれている。信鴻たちが花見で楽しんだ躑躅が吉保の時代に植えられた躑躅の名残であり、さまざまな色や、かたちの珍しい躑躅が年を経て大木となり、手入れの

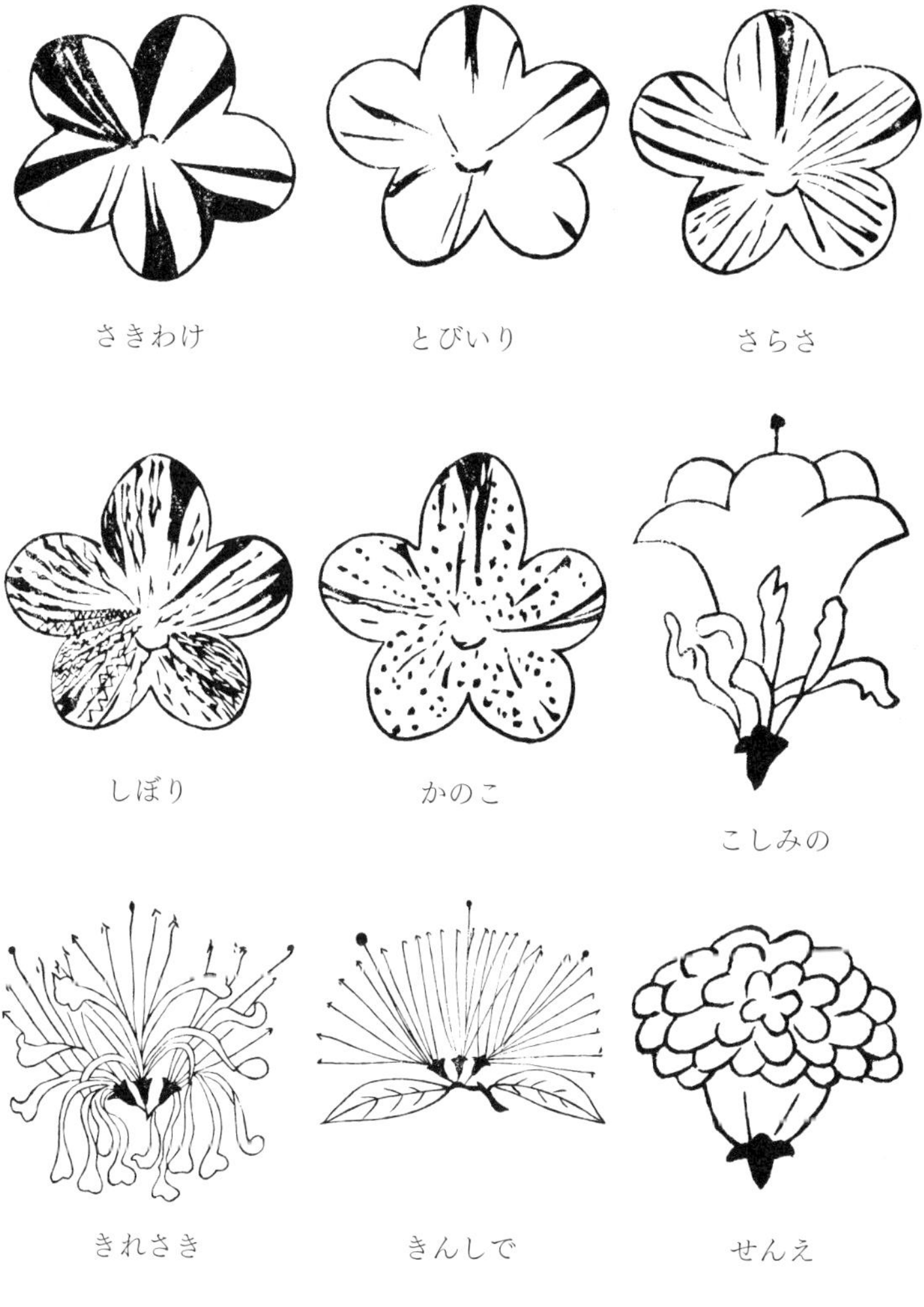

図❸ つつじの花柄と花形
『錦繡枕』伊藤伊兵衛　国立国会図書館蔵

行き届かないままに枝を伸ばしてみごとな花の林となっていたことは、十分考えられるのである。

この年の躑躅の手入れもそれを裏付ける。躑躅は、花芽の付き始める頃、つまり六月中旬頃までに枝の刈り込みを行う必要がある。ところがこの年、躑躅の手入れは七月二十七日の「水分石辺の躑躅を作る」から徐々に始まり、九月三日から十日ほどの間「つつじをつくる」日々が続いて終わる。この年の七月二十七日は西暦では八月二十二日であり、手入れのピークは現在の十月初めとなるから、枝を刈り込む時期はすぎている。したがって、この躑躅の手入れは「つつじをつくる」の言葉通り、枝を透かして木のかたちを整える整枝となる。当時の六義園の躑躅は、枝をのばした自然樹形に近いかたちであったと考えられるのである。このことは、「水分石大躑躅を造る（安五・7・23）」、「妹背山杜鵑花《さつき》をつくる（天二・7・2）」と、その後の剪定時期からも推察される。

この躑躅を信鴻は増やしていく。それも、自身で挿し木を行うことによって。安永三年は五月七日に「皐月躑躅をつくり水分石へさす」と一度だけだった挿し木の記述が、安永五年になると、「躑躅・杜鵑花等の芽をとり差す（4・27）」、「水分石の躑躅を造り、躑躅を差す（5・8）」、「芦辺山の躑躅を作り土堤へ差す（5・19）」、「つつじを作り差す（5・20）」と増え、この後も、毎年、四月の終わりから五月にかけて、躑躅の枝を挿し木する記事がたびたびあらわれるようになるのである。剪定で出た枝を挿し穂として使っているので、この頃には、花後の剪定も行われていることになる。「園中躑躅畑の草を取る（安九・5・23）」と、挿し木された苗は園内に設けられた苗畑で育てられ、その手入れを信鴻も行う。

挿し穂はほとんど園内の躑躅から取られているが、「無量寺裏門より入り庭の躑躅の芽を折る、笠志方へ行き弁当、杜鵑花等の芽を取り（天二・4・12）」とあるところを見ると、遊歩に出た時、挿し穂を手に入れることもあったようである。珍しい花があればつい欲しくなり、挿し穂や種、株を手に入れて自分の庭で育てようとするのは、園芸の趣味を持つ者に共通する現代にも見られる行動パターンである。信鴻も、そのような園芸好きの一人だったのである。

苗畑で育てられた躑躅は、やがて園内に移し植えられる。そして、妹背山と茅屋（安六・3・22）、太隠山麓（安九・3・1）、吟峨亭土手（天元・5・2）、土筆山《つくしやま》南（天元・5・4）と、年とともに園内に躑躅が増やされていく。

梅も増やされたが、こちらは接木《つぎき》であった。安永三年は、一月に、「昨夜松井に薄紅梅枝もらい、今日接ぐ（1・21）」、「梅をつぐ（1・27）」、「権兵衛より梅の接穂来る、直に接ぐ（1・29）」、二月にも「梅を接ぐ（2・2）」と、一月下旬から二月初めにかけて四回の接木が記録される。松井は家臣であるが、権兵衛は懇意にしている前町の植木屋であり、「昨日、旧年権兵衛に申付し梅接樹五株持参、今日園中へ植える（安五・1・27）」と、梅の接木も依頼する。

信鴻は毎年のように梅の接ぎ穂を手にいれている。「汝章《じよしよう》へ蜀錦梅《しよくきんばい》の穂貰いにやり（安四・2・24）」、「銀鵞《ぎんが》より梅穂貰う（安五・1・22）」と記された汝章と銀鵞はともに信鴻の親しい俳諧仲間の大名で、こののちもたびたび登場する。銀鵞からは、「姫路侯大塚別荘の香ふかき白梅」を上屋敷に住んでいた時にももらっており（安二・1・19）、上屋敷にいる時から梅の接木には熱心だったことになる。

接ぎ穂を請われることもある。「上野来る、梅の穂を請う故遣わす（安六・1・30）」、あるいは、「米社より申し来り梅の穂遣わす（天三・2・18）」。上野は家臣であり、米社は他家へ養子に出した息子である。家臣や息子との間でも接ぎ穂のやりとりは行われていたことになる。

信鴻が下屋敷の生活をはじめて九年目となる天明二年には、大量の梅の苗が作られる。一月下旬にまた汝章のもとへ接ぎ穂をもらいにやり、手に入れた三種類の梅を翌日家臣の小沢が接ぎ（1・24）、十日ほどのちに、接いだ苗百株ほどを南舞台の後に植えるのである（2・4）。汝章も梅の愛好家であり、屋敷に豊富な梅のコレクションを持っていたと思われる。

この年にはまた、一月から二月初めにかけて、庭師の清兵衛に鉢植えの梅を芦辺に植えさせている。梅は、親しい者たちにもらう鉢植えの筆頭で、この年も一月だけで十五鉢ほどもらっている。長年にわたりもらった鉢植えと購入した鉢植えを合わせると、信鴻の手元には、おびただしい数の梅の鉢植えが集まっていたにちがいない。芦辺には、すでに梅の大木が移植されていたので（安九・5・23）、鉢植えの梅の移植は、芦辺に梅林を作る意図が信鴻にあったことを窺わせる。それを裏付けるように、この年の夏には、「清兵衛梅林手入れ（天二・7・20）」の記事が見え、翌年の春にも、「梅園の梅を垣内へ一株、お隆庭へ二株植える（天三・2・10）」、「此頃梅園真盛り（2・22）」と、日記に梅林と梅園の名が現れるようになる。

天明二年二月一日、信鴻のもっとも親しい俳友の一人であり、彼の俳諧用人でもあった米叔が詠んだ次の歌も、信鴻がこの頃、梅林作りに熱心であったことを示す。

あまたの梅を移し植えてめでたまいしを
君のすむ此山里はよのうさをしら梅かおる軒の春かぜ

翌、天明三年一月、信鴻は清兵衛に、芦辺の対岸にある下折峰《しおりのみね》の北へ山を築いて池の北岸を三、四間ばかり広げさせ（1・18）、秋には、このあたらしい築山に梅を植えさせる（10・20）。こうして、池を挟んで、園の東と西に梅林ができる。

「梅の花見、なめし・田楽を焼く、白堂も招く」と記された安永九年二月の花見は、住居の庭に植えられた梅の花見ともとれるが、この頃になると、花見を楽しむことができるほどに園内に梅が増えていた。それは信鴻が、長年かかって梅を集め、増やした成果であった。

現在残されている庭園からは想像しにくいが、江戸時代の大名庭園には、花が多かった。六義園も例外ではなく、「六義園の図」には、桜や梅、躑躅のほかにも、藤、山吹、蓮、萩、それに、牡丹と菊と百合の花壇が描かれている。信鴻が園内に花を増やしたのも、この伝統に連なるものであろう。

安永九年三月には、畑の桃苗を大山辺に植える（3・8）。この夏、「大山前、桃子を墜とす［初生惣じて十七］（7・9）」とある桃は、春に植えた桃の実かもしれない。じつはこれに先立つ四年前の冬、信鴻は丹後屋新吉に伏見桃の苗を数十本もらっている（安五・1・11）。この苗を畑で仕立てて大山に植えたのであれば、実をつけてもおかしくない年数である。「この頃桃花・彼岸桜満開（天三・3・3）」と、植えられた桃は、数年の内に、満開の花で信鴻の目を楽しませる。

夏の花は藤と花菖蒲である。安永三年の春、桜とともに藤が吟峨亭に植えられたことはすでにみたが、この年六月には吹上湊に白藤が咲き、翌、安永四年四月には、お隆にもらった鉢植えの藤が妹背山に植えられて、庭に初夏の彩りを添える。「軒端山の藤真盛り

（天二・3・23）」の年もある。花菖蒲も株分けされて、山裏の新墾田から芦辺と（天元・閏5・4、天三・6・6）、妹背山の岸に植えられる（天三・5・26）。作業をしたのは、清兵衛と家臣の木村である。

秋には萩が咲く。藤里の東は、文化の頃、萩だけを植えた広野であった（『遊歴雑記』）。信鴻の時代にも、秋の萩は見事な眺めであったようで、

御園のうちに千もとにも余れる萩の咲き乱れしを見はべりて
宮城野はいざ白露を置きそえて色も映えある庭の萩原

とここでも米叔が、その見事さを詠んでいる（安八・8・3）。「六義園の図」では、駒留岸に萩が描かれ、『松蔭日記』にも、「川添に、萩いとおおく咲つづきて」とあるので、造庭当初から、藤里付近の剡渓流《せんけいのながれ》の岸には、萩が植えられていたことになる。この萩も、「昨日、上邸より奥州宮城野萩五株来る、植える（天三・3・21）」、「今日より清兵衛、萩を山裏へ植える（天三・11・21）」と植え継がれ、絶えず手が入れられる。駒留の岸に続く新墾田には、「山裏田の跡へ菊畠を作る（安三・3・21）」と、引越しの翌春に菊の花壇が設けられているので、この場所は、秋の花を楽しむ場所だったのかもしれない。

剡渓流の岸には当初から山吹が植えられていたが、この山吹も「清兵衛、棣棠《やまぶき》埠手入れ

（安八・10・21）」と、怠りなく手入れがなされる。「井出の山吹を根を分け、米社へ遣す（天元・3・24）」、「八橋《やつはし》かきつばたも根を分け（米社へ）遣す（天元・8・11）」といった記事からは、宮城野の萩と合わせ、井出の山吹や八橋の杜若《かきつばた》といった歌枕の花が珍重されたことも見て取れる。

　このようにして園内に花が増やされていくのだが、信鴻により園内に植えられた花の種類は梅・桜・桃・藤・山吹・萩・菊とすべてを数えても十指に満たない。『随想集』でベーコンがあげた花のリストと比べると、その差は歴然とする。ベーコンは、毎月およそ十種、花の多い四月には、菫《すみれ》・ニオイアラセイトウ・鳶尾《いちはつ》・百合・ローズマリー・チューリップ・芍薬・桜・ライラックなど十四種、五月と六月を合わせた月にも、バラや撫子《なでしこ》など十四種を推奨しているのである。

　常春の花の庭といえば、『源氏物語』乙女の巻の六条院の庭が想起される。太政大臣として位を極め、栄華の頂点にあった光源氏が本邸として設けた広大な屋敷が六条院であり、そこに四人の女性のために、春夏秋冬をテーマとした四つの庭が設けられる。紫式部により構想された、理想の庭である。六条院の庭では、紫上の住まいである春の庭には紅梅・桜・藤・山吹・岩躑躅などの春のもてあそびを植えて秋の草花をほのかに混ぜ、花散里の夏の庭には卯の花の垣根に、橘・撫子・薔薇《そうび》・竜胆《りんどう》などをいろいろ植えて、水のほとりには菖蒲を植え茂らせた。秋の野をひろやかに作った秋好《あきこのむ》中宮の庭で季節になると盛りに咲き乱れたのは、萩や女郎花《おみなえし》・桔梗であったであろう。明石上の冬の庭の花は菊である。

ところが、六条院の庭と同じように四季を取り込んだ庭は、先行する『宇津保物語』の神南備《かむなび》の長者・種松の庭にもあり、中世の御伽草子にも『浦島太郎』の竜宮の庭をはじめとして、同様の庭が数多く登場する。となれば、六条院の庭も、紫式部個人の発想というより、物語の伝統を踏まえていると考えられる。事実、四季それぞれの景色を東西南北に配置する庭は、「四方四季の庭」と称されて御伽草子において類型化されており、人間界とは異なる時間の流れる理想郷と考えられている。四方四季の庭の描写が祝言的性格と祈願的性格を帯びており、屋敷の結構とそこに住む者への称賛の言葉でもあるとの指摘もある。*3とするならば、花の庭は、俗世間と次元を異にする場所であり、そこには、家の繁栄の願いが込められていたことになる。そしてそれは、六義園を隠居後の隠逸の場として構想する信鴻の意図にもかなっていた。

梅・桜・花菖蒲・萩・菊と、信鴻により六義園に植えられた花は、六条院の庭の花とほぼ重なり合う。庭にふさわしいと考えられた花は、源氏物語の時代からそれほど変化せず、それは、常春の庭の必須アイテムであった。信鴻も、季節を代表する、庭に不可欠と考えられていた花を、六義園に植え継いだといえる。

もちろん、当時の江戸では、数々の新しい花が出回っており、信鴻も、浅草や上野の盛り場や近所の植木屋で草花をよく買う。しかし、上野広小路で買った白仙翁《せんのうげ》花、為朝百合、薩摩菊、姫百合をお隆に遣わしたように（安八・5・5）、それらの草花はお隆への土産とされて、奥庭に植えられる事が多い。信鴻は椿も好きで、数多くの種類を集め、挿し木で増やすこともあるが、椿が植えられるのは御殿の花壇である。ただ、安永八年の春には、芦辺山の麓に花畑を作らせて、取り寄せた草花十余種を植えている（安八・3・18）。この時植えられた草花の種類はわからないが、当世風の花であったと考えるのが自然である。また、その後、お隆と二人園中に出て黄山蘭《きさんらん》と海老根を掘り、芦辺花壇に植えてもいる（天二・3・14）。新しい花も取り入れられていた。だが、園内の花の主流をなすのは、四季それぞれを代表する伝統的な花であった。

「枝折峯、躑躅植え替え（安七・4・9）」、「園中の桜樹を悉く山へ植える（天四・10・2）」と、園内では、花木の植え替えや移植が絶えず行われる。その作業に主として携わるのは庭師の清兵衛であり、家臣たちである。作業は信鴻の指示のもとに行われ、信鴻は、作業の進捗状況に気を配る。信鴻も、時にはお隆も一緒に、庭仕事に精を出す。屋敷の者たちが力を合わせ、時間をかけて少しずつ作り上げていったところに、この時代の六義園の特徴がある。

手入れの成果は、咲く花の増加となって現れる。年数が経つにつれ六義園には花が増えていくのだが、天明三年の春は特に園内が花であふれたようで、日記にも花の記事が目立つ。二月に梅園の梅に続いて桃と彼岸桜が満開となり、ほどなく南風が吹いて一重桜がほころび始め（3・3）、ついに、「園中花盛り」となる（3・7）。この満開の花のもとで近習たちは花見の夕べを過ごし、田舎屋で遊ぶ彼らのもとに、お隆から刺身や吸い物が届けられる（3・13）。時間をかけて手入れし、育て、増やした花を、折に触れて楽しむのも、信鴻の時代の六義園では、屋敷の者たちであった。

藪

駒込の下屋敷は、堀と藪で囲まれていた。堀の幅は三間（五・四メートル）から四間半（八メートル余）、堀の外側が藪で、幅は堀とほぼ同じであるが、加賀屋敷との境は八間（約十五メートル）と広くなっていた（水木家旧蔵「六義園の図」〔口絵〕）。「稲荷へ詣ず、藪より通りを見る（略）外構い藪を行く、加賀邸境より丸木橋の下溝へ下りる、住・要等は橋を眼を閉じてわたる（安二・9・10）」と、侍女の住や要たちを伴い藪に出かけたのが、藪の記事の最初である。藪の中は歩くことができたし、藪から通りを眺めることもできた。

この藪は、下屋敷において管理の手の入ることの少ない、自然が残された場所、自然が侵入する場所である。安永三年、下屋敷での初めての春、信鴻は藪での苗木取りや春草摘みに明け暮れる。

二月十三日　藪の柘植《つげ》を庭へ殖える。
三月十五日　藪の楓・万年青樹を取り、畑へ殖える。
　十六日　藪の柘植を十本計《ばかり》出し園へ殖える。
　藪を廻り楓・青木・武蔵鐙《むさしあぶみ》草をとり、萱草《かんぞう》・ふきを摘む、萱草を九里・石川・溝口へ遣《や》る。
　十八日　藪にて百合・ふき・薇《ぜんまい》等をつむ、お隆山椒・五加《うこぎ》をつむ。
　終日藪にて春草を摘む。

　藪は、園内と比べると、植物の多様さにおいて際立っている。土地の自然、江戸近郊の森の自然が詰まっていたのである。したがって、藪では植物の自然の営みを身近にすることができる。木々が芽を出し、鳥兜《とりかぶと》や海老根、春蘭や武蔵鐙、それに百合といった野草が、美しい花や変わった形の花を咲かせる。萱草や蕗、薇が出るし、山椒や五加の新芽を摘むこともできる。芽生えは掘り取って庭や畑に移し植えられ、摘んだ春草は、側近く仕える家臣にも分け与えられる。萱草のやわらかな芽は、季節のうれしい味覚であったにちがいない。

　植物の豊富な藪は、一年を通じて、草花や芽生えを探す楽しみに一日を過ごすことのできる、特別な場所であった。

「りをに覆盆子《いちご》貰う、藪より手折り来る（安五・4・5）」と、侍女たちも仕事の合間に藪を歩き、木苺を見つけて来る。信鴻が生後六ヵ月ほどの娘おかねを連れて摘み草をしたのは、初節句をひかえた屋敷に数々の祝いの品が届けられていた春の日である（安五・3・1）。おかねの母・谷も加わり、途中から息子の珠成も顔を出して、蕨を折り、山吹を掘って過ごすひとときは、子どもを交えた家族団欒の場となる。筍の季節には、孫の熊蔵をこの藪に連れて行き、筍を採って与える（天二・5・29）。この時期に生える真竹の筍であれば、熊蔵にも手で折り取ることができたであろう。熊蔵は米社の子で、採った筍を、おさの弟・村井栄蔵の息子・甚三郎と分けあう。この時、熊蔵は四歳、甚三郎は五歳であった。藪は、幼い子どもたちにとっても魅力的な場所であったことになる。秋には、「文衛門、藪にて初菌《はったけ》十七取る（安三・8・21）」と、庭係とおぼしい文衛門が茸を探しに藪に出かける。

おかねはほどなく亡くなるが、熊蔵は下屋敷をたびたび訪れ、凧揚げや摘み草、近郊の遊歩などを楽しむ。村井の住居は長屋であるが、甚三郎は下屋敷に滞在することが多かったようで、遊歩のみやげに信鴻からもらった花火を庭で揚げるといった記事が、日記中にはたびたび現れる。珠成と侍女・峰との間に栄次郎《てるじろう》が生まれると、彼もまた信鴻に抱かれて園中を廻る。信鴻の時代の六義園には、常に子どもの姿がある。

藪はもともと、下屋敷の外囲いである。だが、表長屋や築地塀に比べると、藪の囲繞性は低い。外の音は聞こえてくるし、木々の間から外を覗くこともできる。したがって、駒込の下屋敷に暮らす人びとにとって藪は、視覚的にまた聴覚的に、外の世界とつながることのできる場所でもあった。屋敷の門前を通る日光御成道は、日光社参の行列や王子参詣の人びとで賑わう。街道沿いには上富士前町と上駒込村の町家がならび、園の背後は藤堂家の下屋敷に隣り合う。街道を旅する人びとを、街道で繰り広げられる人びとの営みを、そして藤堂家の門前の出来事を、信鴻と屋敷の者たちは、藪から眺める。「藪より見る」との記述は、日記中に数多く認められる。

安永三年正月に、鳥追いが藪の前を通るのを信鴻は藪で見る（1・2）。鳥追いは、正月に江戸の街を門付けして歩く女芸人で、編笠をかぶり唐桟の着物姿で連れ立って家々の門口に立ち、三味線を弾きながら鳥追唄をうたう。この時代の風俗を説明した『守貞謾稿』は、「綿服・綿帯なれど新しきを着し、襟・袖口には縮緬等を用い、紅粉を粧い、日和下駄をはき、いとなまめきたる風姿にて」と、その姿を述べる（図❹）。前町の家々を門付けして歩く姿を見たのなら、その姿形ばかりでなく彼女たちの歌う鳥追い唄も、芸事の好きな信鴻には興味深かったにちがいない。鳥追いの姿は信鴻にとって、初めて身近にする、市井の正月風景であった。

二月には、「川口開帳、藪外甚だ行人多く、朝より見る（2・11）」。当時、王子の先にある豊島郡川口村善光寺の開帳が大勢の参詣人を集めていた。通行人の中には従者一人を連れた四世・松本幸四郎の姿もあり、「藪にてもよ・左馬、見る」と、名うての歌舞伎役者を見つけた屋敷の者が信鴻に知らせる（4・25）。翌日には、四代目市川団十郎が駕で通る（4・26）。五月になると、「藪前を王子垢離《こり》取り、梵天《ぼんてん》を立て、笛太鼓にて通るを見る（5・15）」、「藪前、出し万燈を囃して通るを見る（5・16）」と、王子に水垢離《みずごり》に向かう行列が梵天を立て笛太鼓で囃しながら通るのを、二日続けて見物する。夏の流行病を祓い除く水垢離を取るために出かける人びとは、毎年この時期に賑やかな行列を仕立てて通ったようで、翌年も、「前町、太鼓打ち祭の如くはやし通るゆえ藪へ出しに、行き過ぎて見えず（安四・5・7）」と、賑やかな行列の声にあわてて藪に駆けつけるが、間に合わない。しかし、数日後、釣台にのせた樽や太鼓を打ってお囃子を奏し、大幣《おおぬさ》二つに大太刀一つを捧げ持ち、山伏三人が先導して練り行く行列が現れて、信鴻はお隆と藪で見るのである（天四・5・15）。

初午には王子稲荷に参詣する人びと、夏には、屋敷前の富士浅間社の宵宮に集まる人びとで通りが賑わった（図❺）。天明三年の初午には、昼過ぎに庭仕事を始める前と、午後遅く園内北隅にある久護《ひさもり》稲荷の参詣に出た時に藪から通りを眺め、王子参詣に出かけた家臣たちが通る姿や、酔っ払いが前の家に担ぎ込まれて介抱される様子を見て楽しむ（天三・2・9）。

将軍家治の日光社参の行列も屋敷の前を通った。日記には、門前警護のために上屋敷から藩士が派遣され、行列が無事通過したことが記されるのみだが、帰りの行列の中には、警備や供に付き従う知り合いの大名たちを認めているところをみると（安五・4・22、23）記すのは憚ったが、明け方から昼前まで続いたこの壮大な行列を信鴻は藪でこっそり見物したのかもしれない。

前町の金物屋と藤堂家抱えの鳶の者が喧嘩した時には、「屋敷の皆々」がこの喧嘩を藪で見物した（安三・4・14）。また、殿中で喧嘩の声が聞こえ、拍子木を打つので行ってみると、喧嘩の主はすでに逃げたあとで、「取り逃がした」とくやしがる棒や長竿等を提げた人びとだけが残っていた（安六・3・8）。

藤堂家下屋敷の様子も、藪から見る。藩主が下屋敷を訪れた時も（安三・4・24）、藤堂家の長屋が火事になった時の火消しの様子も（安四・閏12・20）、信鴻は藪から見ている。また、藤堂家を訪れたのち立ち寄る米社を出迎え、「藪より見る（安二・10・10）」。米社はこの年八月、将軍への拝謁を済ませたばかりである。供を従え正式な装束に身を包んで仕事に臨む息子の近づく姿を、信鴻は安堵の気持ちとともに、誇らしく見たのではないだろうか。

出かける家族を見送るのも藪である。お隆が菊見に出かけるのを信鴻は藪から見送り（安三・10・1）、遊歩に出かける信鴻を藪でお隆が見送る（安八・1・18）。泊まりがけで遊びに来ていた孫の熊蔵が飛鳥山へ出かける時には、歩き行く姿をお隆とともに藪で見る

図❹　鳥追い『風俗画報』１号　国立国会図書館蔵

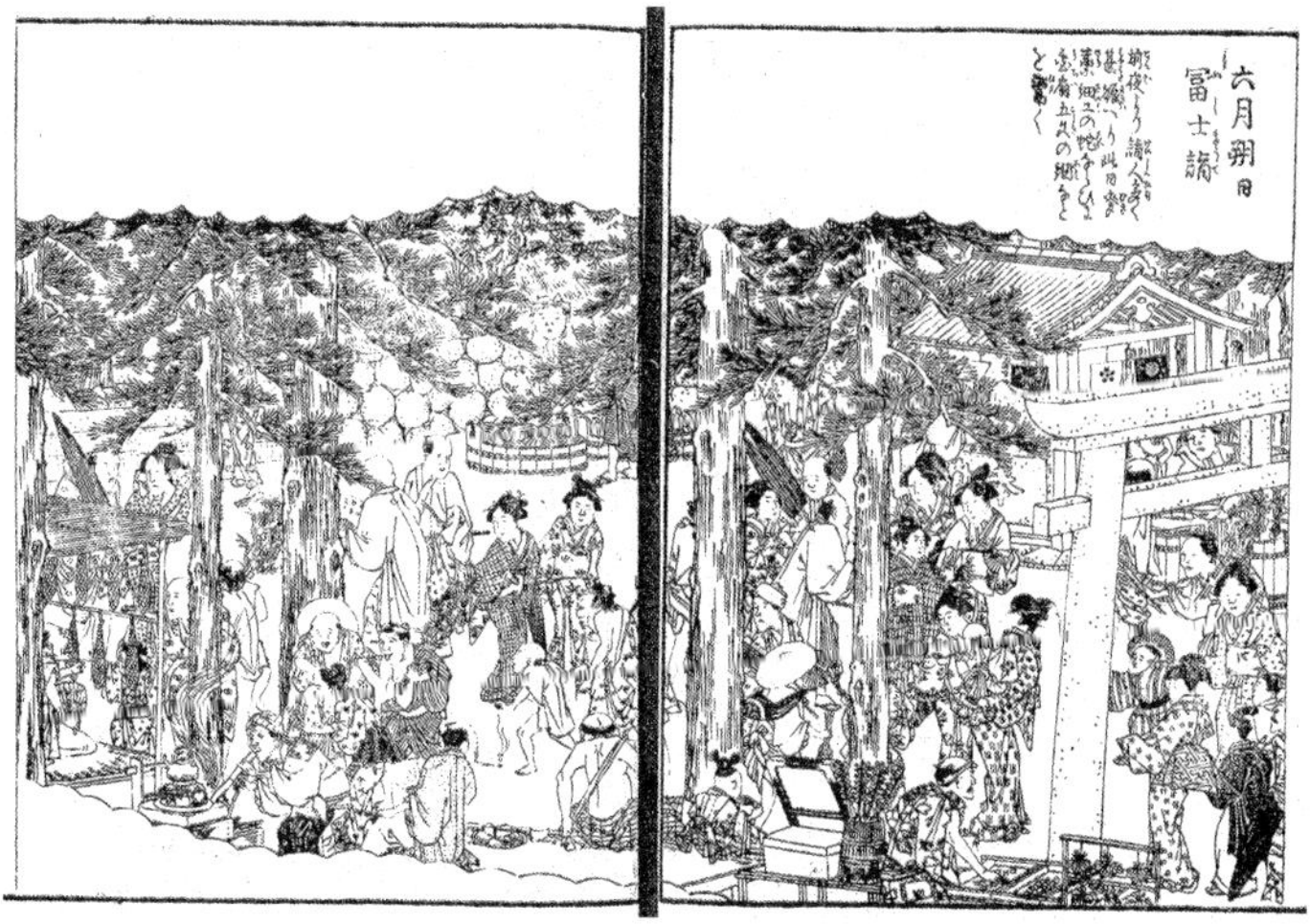

図❺　富士講で賑わう駒込富士浅間社『江戸名所図会』 国立国会図書館蔵

（天二・3・9）。

通りを行き過ぎる人はさまざまで、藪の前は、多くの登場人物が演技しつつ行き過ぎる舞台であり、藪はさしずめその桟敷であった。したがって、特に何事もなくとも、園内散策の折、気が向けば藪まで足をのばして通りを眺める。久護稲荷へ詣でたときにも、「藪より通りを見る（安二・9・10）」。龍華庵参詣の途中、お隆と二人で藪へ行き往来を眺め、老人が二人、心太《ところてん》を買って食べる様子を見物する（天三・6・1）。市井の人びとの振る舞いを身近に目にすることのできる藪は、狂言作者であり演出家でもある信鴻にとって、芝居の所作を研究する格好の場であったのかもしれない。

囲繞性の低い藪には外部から比較的容易に入り込むことができた。それは、藪へ入り筍を盗む者がいるというので見張番をつけたことや（安六・4・28）、前町の空き家で盗み食いして追われた賊が藪へ逃げ込んだことにあらわれている（天三・10・21）。捕えられた賊が番屋で調べられ、引き立てられて行く様子を、翌日、信鴻たちは見物するが、その場所も藪であった。

草を刈る

四月になると草刈りが本格化する。夏の初めから夏が終わるまで、六義園では草刈りに追われる。

庭の手入れのうち、草刈りがもっとも時間と人手を要する作業である。六義園の草刈りの時期は三月から十月まで八ヵ月に及ぶが、四月から七月にかけての四ヵ月は特にその日数が多い。安永三年に限っても、三月に二日であった信鴻の草刈りの日数は、四月に十六日と急に増え、五月は四月とほぼ同じ十七日だが、六月は二十三日、七月は二十一日に上る。夏の間ずっと、信鴻はほぼ毎日庭に出て草を刈るのである。

もっとも、庭の手入れを続けることには、養生の意味合いがあったとも考えられる。「身体は日々少しずつ労動すべし、久しく安坐すべからず」と、貝原益軒も『養生訓』で毎日少しずつ体を動かすことを薦めている。益軒はまた、山水を眺め、月花を愛で、草木を愛し、季節の景色を楽しみ、菜園で採れた野菜を料理することも、心を楽しませ気を養う助けだとする。この時代も、庭仕事は健康維持の大きな助けと考えられていたのである。

草刈りの場所の多くは池の周囲の築山と芝地であるが、時に庭の奥の吟哦亭や蓮池に及ぶ。安永三年四月には、八日の大山（藤代）を皮切りに、木枯山《こがらしやま》、木枯裏と芦辺の口、木枯裏より蓮池端、霧島山、吟峨亭、吟峨亭笹山、座禅石と作業が進められ、五月になると、吹上、水分石、芦辺、名古山《なもふるやま》と移っていく。吟峨亭周辺の庭の奥から始め、次第に館近くへと、区画を区切り、順を追って、計画的に草を刈り取っていく様子がうかがえる。

現在では除草剤に取って代わられたが、かつて田を作る農家では、田の草取りとともに畦草《あぜくさ》刈りが夏の主な仕事であった。毎日夜明けとともに田に出て、露を帯びた草を鎌で刈る。刈り取ったあとには、草の香りがあたりに満ちる。幾枚もある田の畦を数日かけて刈り終える頃には最初に刈った草が元通りに伸びている。そこでまた、最初の田に戻り、同じ作業を繰り返す。草が伸びなくなると夏が終わりになる。信鴻の草刈りは日差しが陰る午後遅くから始まることが多いようであるが、草の伸びる速さに驚き、閉口しながらも、草の香りに包まれての刈り取り作業は、信鴻にある爽快感をもたらしたのではないだろうか。

幕府の許可が下りて隠居が正式に決まるまで、暑い夏の間、下屋敷では、信鴻やお隆、息子の米社をはじめとして家臣や奉公人が総出で、草刈りや雑木を伐る作業に追われた。「肩痛み、鍼治《しんじ》（安二・8・20）」と、慣れない外仕事は、信鴻にとってなかなか骨が折れたようだが、それでも、この庭仕事には、そこここに遊びの気分が漂っている。なかでも、「弁当藤代」、「弁当水分石」、「弁当妹背山」と、食事を共にする記事が目立つ。弁当は蕎麦や田楽が多く、仕事を終えたばかりの庭を眺めながら共に働いた者たちと一緒に弁当を使う時、作業の達成感とこれからの生活に対する期待感とがその場に満ちたであろう。

働く者たちの一体感も生まれたに違いない。そこには、「松を作る、庭にてけんどん（うどん）皆々に喫せしむ、星草を取り、鉢へ殖える（安二・6・20）」と、皆と労をねぎらいあいながら和気藹々と食事をし、庭で見つけた小さな草を鉢植えにする信鴻の姿もある。星草は、沼や水田に生える長さ二、三センチの雑草で、放射状に出た茎の先に白く小さな小花をつけた様子が星をちりばめたように見える。この鉢植えは、数日後、訪ねてきた米社に託されて、米社の養家の奥方への土産となる。

安永三年春になると、草刈りの後に龍華庵での食事や語らいを楽しむ。

三月二十二日　水分石向《むかい》の埠《ふ》（土手）の草を刈る、医者共出る、義範を呼び水分石にて蕎麦を喫せしむ。

四月　二日　草刈り、六本木よりそばくださる、義範庭へ出、庵にてそば・弁当、義範に唐音《とうおん》、勾当《こうとう》に太鼓打たせ聞く。

十日　草を刈る、米蛙《べいあ》出る、暮より龍華庵にて菜飯・田楽を喫せしむ、米蛙、義範と字を探り絶句を賦す。

十七日　木枯山の草を刈る、雨降るゆえ庵へ寄る、啜龍等望みにて二拍子好み唐音習う、暮に帰る。

医者たち、家臣の米蛙、息子の啜龍と、日によって信鴻に従う者は異なるが、いずれも気心の知れた者たちである。草刈りのあとには彼らと、その場で、あるいは龍華庵で、食事を共にし、文芸の遊びに興じる。龍華庵の庵主・義範は中国風の発音に詳しかったのであろう。当時流行していた唐音で詩を詠じ、漢詩を作り、時には芸人に太鼓を打たせて、夕暮れまで一同は楽しい時間を過ごす。なお米蛙は、家臣の小枝治右衛門の俳号である。日記に登場する多くの家臣が俳号をもち、彼らの俳号には、多くの場合信鴻の俳号「米翁」からとった、「米」の字がつけられている。日記には、実名、俳号いずれもが使われるが、俳号で記されるのは、信鴻が家臣を俳諧仲間と捉えているからであろう。信鴻の隠居が正式に決まった日を境に、息子たちの名前が俳号で記されるようになるのだが、ここにも、隠居所である下屋敷が、一般社会の規範とは別の規範の下にある世界であるとする感覚を見ることができる。

草刈りをする信鴻の近くで息子の珠成が家臣とともに池に舟を浮かべて漕ぎ遊ぶことはすでに見たが、「夕、妹背山芝を刈る、お隆・米社・珠成薯蕷《しょよ》を掘る（安八・5・16）」と、信鴻が芝を刈るそばで、お隆と息子たちが山芋掘りに興じることもある。信鴻の庭仕事は、近侍や家族と庭で過ごす楽しみを共有する時間でもあった。

草刈りに限らず、日記中に目立つのは、信鴻自身が庭の手入れに従事する記事の多さである。芝や草の刈り取り、剪定、芝焼きといった庭の維持管理に関わる作業に、信鴻は年中携わっており、信鴻にとって庭の手入れが生活の一部であったことがわかる。さらに、「坐禅石山、根掘り申付く、誤りて朧月坡《おぼろづきのおか》を掘るゆえ坐禅石を掘らしむ、吟峨亭昨日迄にて根ほり済む（安三・6・12）」、「長局《ながつぼね》後ろの杉を伐らしむるにつき、寺沢・五十嵐・中村・福原・富貴・伊藤に命ずる（安八・3・15）」、「五十嵐に杉苗植ゆる場所を教える

（天三・4・1）」といった記述は、信鴻が、庭仕事の内容に細かく目を配り、指示していたことを示す。

寺沢・中村・五十嵐と名前が記されているのは家臣で、役職名は不明だが、彼らは、さまざまに庭で働く。伐採のような力仕事や苗木の植え付けのような単純作業ばかりではない。菊花壇の竹垣を結うのも、萩垣を作るのも家臣である。安永八年、信鴻の居室の庭に菊花壇をつくった時には、伊三郎が耕したあとに（4・14）、松崎が縁《ふち》に蛇籠《じゃかご》を伏せ（5・10）、中村と五十嵐が雨障子をかけ葦簀《よしず》で花の足元を囲って、花壇を完成させる（9・19）。たびたび名前の出る五十嵐は、下屋敷の作事に関わる役職にあったらしく、住居の手水鉢《ちょうずばち》の台を作っているし（安五・12・14）、寺沢とともに水分石の近くに藤棚を作ってもいる（安九・2・17）。下屋敷では、屋敷の維持や運営に必要な仕事は、基本的に家臣が行っており、それは、庭仕事においても同様であった。

庭仕事では、側室お隆の存在にも注目させられる。下屋敷の生活が長くなるにつれ、摘み草や藪での苗木掘りなどにお隆の同行を伝える記事は増えていくのだが、庭の手入れも同様である。安永八年五月には「隆と芝刈る」、「夕隆と芦辺芝刈る」と、毎日のように芝刈りにお隆の名があらわれる。安永九年になると、「昼お隆と芦辺草を払う（4・5）」、「昼お浅・お隆同道、芦辺の草根を掘る（4・7）」、「お隆同道躑躅《つつじ》の芽を折り、山裏へ差す（5・4）」、「夕お隆と大山の杉菜を刈る、七半頃西に幽雷聞ゆる故帰る（5・28）」と、丈の高い草の刈り払いや芒《すすき》や茅《ちがや》の深い根を掘り取る作業にもお隆はたびたび携わり、躑躅の挿し木も信鴻と一緒に行う。「お隆・お千重と大山辺の杉菜を刈る（安九・5・24）」ともあり、下屋敷を訪れた娘たちも時には庭仕事に加わる。安永の末頃から「草根を掘る」の記事が増えるのだが、草根を掘ったのち、お隆が吹上渚の水際で手を洗おうとして水中に滑り落ち、着物に泥が着いたので侍女たちに隠れて帰る話も記される（天二・7・15）。侍女に見つかって叱られるのは、お隆を危ない目にあわせた信鴻であろう。

当時の大名屋敷の奥に暮らす女性がどの程度庭の手入れを始めとする屋外活動に従事したのか、詳しいことはわからない。だが、日記を見る限り、お隆が庭の手入れを日常的に行っていたことは明らかである。

お隆は家臣・村井玉泉の娘で、大和郡山育ちだと思われる。弟の栄蔵が下屋敷の長屋に住んでおり、子の甚三郎を信鴻が可愛がっていることはすでに見た。日記中に村井と記される栄蔵は天明二年に側用役に任命されているが、村井家の禄高は不明であるので、お隆がどのような娘時代を送ったのかはわからない。だが、水戸藩の幕末の頃の下級武士の生活については、『武家の女性』に「畑もすれば、水汲み、炊事、機織りと一日中休む間もなく働かなければならぬ武士の家庭」とあり、[*4]数少ない上級武士以外の家で武家の女性は、畑仕事を含めた家事全般に携わっていたことを示唆する。お隆も、畑仕事に不慣れではなかったのかもしれない。いずれにしても、駒込の下屋敷では、隠居した大名が妻や娘たちと庭仕事に従事する生活があった。

　もちろん、六義園は、屋敷の者たちだけで手入れするには広すぎる。しかし、広い庭の手入れに誰が関わっており、どのくらいの人手が費やされたのか、詳しいことはわからない。ただ、下屋敷の庭仕事を中心になって行ったのは、清兵衛である。清兵衛の名は、信鴻の下屋敷移転から程ない頃、「表庭の柘植・つつじ・黒ぼこ（黒い土）を取り、妹背山の崩れたる所を雇卒清兵衛に修理せしむ（安二・8・10）」と、妹背山の修理を任せた雇い人として現れる。後年、地震で屋敷近くに火事が出た時には、庭で笹を植えていた清兵衛が「役につき走り帰り程なく来る（安七・3・14）」、あるいは、「殿中《でんちゅう》清兵衛みせ（店）に、三郎兵衛鄽《みせ》を仕廻《しまい》居たり、清兵衛も帰り来る（安六・8・5）」、「富士へ行く、神明原に清兵衛、茶店出す（天三・5・30）」といった日記に散見する記事から、屋敷のすぐ前の殿中に家族が茶店を出す庭師で、村役を勤める家柄の者であるらしいことが見て取れる。また、信鴻が浅草からの帰途、動坂の植木屋で楓と大善桜を求めた時には、「前町にて清兵衛に逢う、直に来べき由約す、暮過ぎ植樹来る、清兵衛、三申庵北庭へ植える（安八・2・19）」と、屋敷近くで行きあった清兵衛に急な仕事を頼んでおり、必要に応じて仕事を頼んだようにみえる。

　一方で、「清兵衛等三人、今日より秋葉山辺手入れ、日々来る（安九・1・20）」、「清兵衛、庭普請今日迄にて、春迄あがる（天元・12・20）」、「今日より園中手入れに入る（天三・1・18)」といった記事からは、下屋敷での清兵衛の仕事が常態化していたことを窺わせる。長年下屋敷の庭の手入れに携わるうちに、清兵衛はお抱え庭師のような存在になっていったのではないだろうか。そして次第に、信鴻がお隆や侍女たちと近所に涼みに出た時には、清兵衛の店で縁台に休み、出された西瓜を皿のまま持ち帰るという家族ぐるみの付き合いとなる(天二・7・13)。天明二年には、「清兵衛、新宅求め囲いなどし、中に居たり(8・28)」と、清兵衛は新しい家に移る。下屋敷での仕事が、この新しい家の購入に大きく寄与したであろうことは、十分想像できる。

清兵衛の仕事は、木の移植、伐採、芝張り、石組み、井戸掘り、花壇作りと、庭仕事全般に及ぶ。六義園では、清兵衛の手により、池の護岸が修復され、妹背山や水分石の石が組み直され、蓮池の西北に渓が作られ(安九・4・12)、下折峰の北には築山が築かれて池が広げられる(天三・1・18)。

さらに、下屋敷の樹木を上屋敷に移植した時には、清兵衛を上屋敷に差し向け、大楓三株と柘植二株を内庭に植えさせ(天二・4・28)、姉の愛樹の梅を下屋敷に移す時には、清兵衛に一日掛かりで掘らせて六本木の大久保家の屋敷から大八車で運び、居室の外に植えさせる(天三・12・21)。清兵衛に対する信鴻の信頼は、はなはだ厚かった。また、過勝《すぎがて》峰《のみね》の麓に灰色の丸い小さな糞を見つけて清兵衛に聞き、兎の糞だとわかるし(天四・1・19)、藪に賊が逃げ込んだ時には、清兵衛が叩き伏せ番屋へ差し出したというから(天三・

10・20)、清兵衛は偉丈夫であったのであろう。庭仕事以外にも、清兵衛は頼りになる存在であった。

清兵衛のほかに庭仕事に従事する者には、「路次の者に白飯(安七・9・20)」、「酒を和助初め路地の者へ遣わす(安九・8・8)」と記述のある路地の者がいる。和助は、「和助、栗一升ばかり取り来る(天二・8・13)」、「和助、軒端山より大初茸十二茎取り来る(天二・9・6)」と、日常的に庭を見回り、簡単な庭仕事に従事する様子が日記中にたびたび記される。庭仕事を専門に行う庭係の家臣で、路地の者の頭かもしれない。

路地の者のほかには草を刈る者たちがいる。「今日より雇夫《こふ》裏山の草を刈る(安六・4・14)」、「草を刈る者共に酒遣す(安七・7・22)」といった記事から、彼らは必要に応じて雇用される近在の農民だと考えられる。「動坂の百姓来り刈り捨ての草を取る(安五・4・23)」と、刈り取った草を引き取るのも近在の農民である。

「木の古根掘し百姓より芝納める故、清兵衛、秋葉の山へ付ける(安九・4・13)」と、木の根掘りに携わる農民もいて、その者から芝を調達する。「園中の枯根を掘る者」からは、大山に植える桜の木をもらう(天元・3・19)。蕪の畑の管理を任されていた田畑村の百姓六衛門も、白瓜を持ってくる(天二・6・30)。六義園では、近在の百姓たちとも、庭の管理を通じた交渉が生まれている。

珍しい花・懐かしい野菜

江戸時代後期の江戸が、世界的にも類を見ない園芸文化の発達した都市であったことは、近年、よく知られるようになった。下屋敷のある駒込と巣鴨は、入谷と根岸、向島と本所とともに、植木屋の多い場所で、植木屋の庭には種々さまざまな植木や鉢物が並べられて、見物人を誘っていた。上野や浅草のような寺社の門前にも植木屋が並び、参詣ついでの植木見物が楽しまれたし、街中では、棒手振《ぼてふり》が天秤棒の両端に植木を吊るして鉢物や苗を売り歩いた。信鴻も、遊歩に出ると植木や鉢物を求める。屋敷近くの植木屋ばかりでなく、湯島で鉢植え店をのぞき梅の値段を交渉し（安三・1・25）、「大番町手前にて花屋荷のいさ葉つわぶきを買い（安八・8・23）」と、棒手振の鉢植えに目を止める。

鉢植えを買うのは、自分で楽しむためでもあるが、お隆や侍女たちへの土産にするためでもある。鉢植えは、当時、手土産や贈答品によく使われ、植物のやり取りは盛んであった。信鴻のもとにも数多くの鉢植えが集まる。正月には、お隆を始め家臣や侍女などの身近な者たちに梅や福寿草の鉢植えをもらうのが恒例であり、春には宿下がりをした侍女たちも、土産に鉢植えを携えて戻る。安永三年の春は、侍女たちのうち、誠《せい》に沖の浪椿（3・21）、筆に金蝦根《えびね》（3・29）、町に紫藤（3・29）、岑《みね》（峰）に万両（3・29）をもらう。

親たちが持たせるのか、彼女たちが自分で選ぶのか、いずれにしても、珍しい、花形のよい季節の鉢植えが選ばれることはまちがいない。ちなみに、誠にもらった沖の浪は、淡い桃色の地に紅の縦絞りが入り、白覆輪《ふくりん》八重咲きの、現代まで残る椿の名花である。花や葉の珍しさや見事さを話題にし、侍女たちの家族の近況を聞いて、なごやかなひと時が過ごされるのであろう。

信鴻の弟・米々や息子の米社もよく鉢植えをもたらす。二人とも園芸好きであったらしい。米々には、いさ葉松、寄せ植え松、いさ葉山椒（安二・7・5）をもらっている。いさ葉とは斑《ふ》入り植物のことである。斑入りや葉変わりの植物が、奇品として、流行現象といえるほどに一般にもてはやされるのは寛政年間以降であるが、信鴻の周囲にはすでにその兆《きざ》しがあったことになる。米社からもらった赤楠《あでく》花の鉢植え（安七・5・2）も、珍しい。赤楠花は、フトモモ科フトモモ属の木で、わが国では九州南部から沖縄にかけて自生する南方系の植物である。のちに見るように、この頃から冬越しの方法がさまざまに改良されて、南方系の植物の栽培も次第に行われるようになるのだが、それでも、赤楠木を江戸で目にすることは稀だったのではないだろうか。特別のルートで手にいれた珍品を、米社は園芸好きの父のもとにもたらした。一方で米社は信鴻に、梅の接ぎ穂をねだり（天三・2・18）、寛政の頃に流行のピークを迎える唐橘《からたちばな》をねだる（天三・6・27）。数の限られた珍しい植物は、愛好家の間でやり取りされて広がっていく。

鉢植えではないが、蓴菜《じゅんさい》を皐禽《こうきん》にもらったことも、大名からの珍しい植物到来の例である。皐禽は伊予松山藩主・松平定国、信鴻の親しい俳諧仲間である。彼は、俳諧に招かれて六義園を訪れた時、下屋敷の蓴菜を土産にする。そして句会の二日後、皐禽より、根の付いた蓴菜が信鴻のもとに届けられる（天元・4・7）。ゼリー状の膜に包まれたこの若芽を気に入った信鴻が、六義園の池で育てるつもりで根をねだったのであろう。このようにして、親しい付き合いを通じて、一般に出回らない珍しい植物や大名屋敷の奥深く育てられている植物が信鴻のもとにもたらされる。

園芸好きの家臣も負けてはいない。

家臣にもらった花でもっとも美しく珍しいのは、山本にもらった鳳凰閣《ほうおうかく》百合であろう（安三・5・4）。鳳凰閣百合は透かし百合の品種で、文政九年（一八二六）に栗本瑞見の著した『駒場薬園百合花培養図』に記載されている。[*5] 井上竜太郎著『百合鑑』（明治二十七年〈一八九四〉）によると、鳳凰閣は深い赤色の八重咲き、外弁は長く内弁は短く矢筈のようで先端は白く見える、「風姿奇勝、艶美愛するに絶ゆ、是《これ》亦上種」とすべき、非常に美しく、珍しい百合であった。駒場薬園は下屋敷のすぐ近くにあるので、当時すでに駒場薬園で栽培されていたこの百合を、山本が伝手を頼って手に入れ、信鴻のもとに持ち来ったとも考えられる。

山本には、次の年にも百合の鉢植えをもらう（安四・5・11）。彼には以前にも、斑入り玉椿や斑入り鉄仙（安二・5・29）、千両と唐橘（安二・7・5）をもらっているし、椿の鉢植えを預けてもいる（安三・2・30）。上屋敷にいた時にも、「山本段兵衛より接木の梅鉢植え十五株来る（安二・1・22）」と、接木を依頼している。園芸好きで、植物に詳しいのであろう。彼は、園内の木の手入れにも従事しており、また、「千里場にて十間山本に畑地遣し、今日より地をかえす（安六・3・7）」と、園内の一角で畑を作る。隠居付きであるとはいえ、藩士が下屋敷の一部を畑として支給され、耕作していることは、江戸の大名屋敷での農村的な営みを窺わせて興味深い。山本は側用役奥勤に任命されており（安五・3・10）、家格は高かったと考えられる。彼は、お隆の弟・村井栄蔵の子二人、八十八と甚三郎の名付け親であり、山本が亡くなると、信鴻は、彼の三回忌に供物を届ける。これらのことからも、信鴻と山本との間柄が親密であったことが窺える。園芸の趣味が親しい交流を促したとも考えられる。

自分で接いだ枝垂れ梅を鉢植えにして持参したのは側近の尾沢である（安八・11・10）。山下は枝垂れ桃（安三・3・2）、多次衛門は夏菊の株（安五・5・18）、三井は烟草《たばこ》の芽生え（安八・6・3）と、家臣たちは、思い思いに、自分で育てた植物を信鴻のもとにもたらす。

流行の草花も、家臣や侍女たちがもたらす。

「安永七、八年さくら草のめずらしきが流《はや》り、檀家《だんか》の贈り物とす。数百種を植え作る」と、天保元年の『嬉遊笑覧《きゆうしょうらん》』は、安永の頃、身分ある者たちの間で桜草が流行して贈答品とされ、品種も多数あったとする。この桜草がまず、信鴻の周りに現れる。上屋敷滞在中すでに、「木俣に桜草貰う（安二・3・27）」と、流行り始めの桜草を家臣にもらうが、下屋敷に移ってからも、八十と森衛門（安五・2・28）、仙宅《せんたく》（安七・3・24、安九・3・10）と、侍女や家臣たちが桜草を持ち来る。

江戸近郊では荒川流域に桜草の自生地があり、天保二年以降に刊行された『東都花暦名所案内』は、千住の野、野新田、戸田原を名所とする。天明元年の春、野新田の先にある珠明院の開帳に出かけた信鴻は、野新田に続く広野に桜草が咲き、参詣帰りのグループが桜草を掘るのを目にする（3・17）。信鴻も前年の春には、野新田に出かけた家臣の溝口に桜草をもらっている。このように掘り取った桜草が土産にされた。さらに、摘み草に出かけた雑司が谷でなじみの茶屋の亭主から、庭で育てた「桜草数株」をもらったことを考えあわせると（安九・3・16）、信鴻の周囲での桜草の趣味のひろがりと、日常的な花のやりとりを窺うことができる。

天明になると、流行は次第に唐橘《からたちばな》に移っていく。信鴻はすでに安永三年秋に白い実をつけた唐橘を買っているので（9・28）、ここにも、新しもの好きで流行に敏感な信鴻の姿を見ることができるのだが、翌年には、国許での休暇を終えて江戸に到着した家臣の由兵衛に唐橘の鉢植えをもらう（安四・10・6）。唐橘の鉢植えは、一時帰国の土産である。江戸到着から十日ほどのちに、「藤都《ふじと》来る、由兵衛大坂芝居しかたをする（10・22）」と、途中芸人の藤都の鳴り物に合わせて大坂で見た芝居の所作をまねているところを見ると、途中大坂で芝居見物などをして過ごした由兵衛が、唐橘も手に入れたのではないか。

唐橘の栽培は、天明に一度盛んになった後、寛政七、八年頃、隆盛をきわめ、寛政九年（一七九七）には京と大坂で、『橘品類考《たちばなひんるいこう》』、『たちばな種芸の法・素封論』、『橘品』と唐橘の品種や育て方に関する書が相次いで刊行される。椿、躑躅《つつじ》、菊と続いた流行は、京・大坂から江戸へと流行の中心が移っており、唐橘も、流行は、まず上方から起こったのである。したがって、江戸ではまだ知られていない珍しい種類の唐橘を由兵衛が植木好きの信鴻への土産としたことは十分考えられる。土産の鉢植えとともに、この時、唐橘の珍しい種類や値段など、上方での人気の動向ももたらされたにちがいない。

珍しい花や草木の種や苗のやり取りは、園芸の趣味を有する者にとって楽しみの一つである。約束しておいた絞り椿を龍華庵の白堂へ（安五・5・15）、井出の山吹を姫路藩主の銀鷺へ（天三・3・21）と、信鴻も植物を与えたり贈ったりすることがあるが、もらう場合が圧倒的に多い。園芸趣味を持つ周囲の者を通じて、信鴻のもとに、珍しい植物や、流行の植物が集まってくる。

医師の仙宅が持参した銀銭花《ぎんせんか》は、信鴻のもとにもたらされる草木の、また別の一面を伝える。日記は、「一両年前、北野、銀銭花種を取り寄せ、藩中の花壇へ蒔きし種を仙宅蒔きて、花咲きしゆえ鉢にうえ持参（安三・6・29）」と、その事情を説明する。

銀銭花は朝露草《ちようろそう》ともよばれる、地中海原産のアオイ科の一年草である。綿やオクラに似た淡いクリーム色の花をつけ午後にはしぼむ。元禄年間に刊行された『花壇地錦抄《かだんちきんしよう》』に記載がなく、宝永七年（一七一〇）の『増補地錦抄』に記載があるので、その頃から広まりだした花だと考えられるが、信鴻の頃にはまだ珍しかったのであろう。仙宅にとって丹精の花であり、自慢の花であったにちがいない。実は信鴻もこの年三月に銀銭花の種を畑に蒔くが、その後の様子はわからない。信鴻の花がうまく育たなかったので、仙宅の花の披露となったとも考えられる。めずらしい可憐な花を前に、賑やかに園芸談義がなされたであろう。

だが何よりも、信鴻にも仙宅にも、そして近侍の者たちにも、この花が大和郡山出自であることに、格別の思い入れがあったのではないか。「尾沢妻、藩より持ち来りし由にて玉蔓鉢うえ貰う（安五・5・29）」と藩士の中にも国許の植物を江戸に持ってきたり、「福原に藩より種を持ち来りし実生の大菊花貰う（安五・9・14）」と、種を持ってきて江戸で育てる者がいた。

さらに懐かしかったのは故郷の味であり、野菜である。医師の仙宅には大和郡山の小豆と梅干しをもらったことがある（安七・閏7・10）。六義園でも初夏に藩より届けられた種芋を植え（天元・4・24）、秋に、「大和種芋を掘る（天元・9・11）」。そして、六本木の姉の病気見舞いにこの大和種の芋を持参する（天元・9・13）。この芋は、現在奈良の伝統野菜に指定されている、在来の黒皮のつくね芋ではないだろうか。信鴻にとっても姉にとっても懐かしい故郷の味であった。秋には、「紫菜・水菜・天王寺蕪・近江蕪の種、藩より着く（安七・閏7・29）」。江戸で見かけない冬野菜も、種を藩から取り寄せて育て、鍋や漬物に使う。近江蕪も姉の好物で、「近江蕪根着（安二・12・10）」と、大和郡山から蕪が届くと六本木に届けるし、畑の蕪も姉にたびたび所望されて届ける。現在でも移民が本国の野菜の種を蒔き育てて故郷の味を再現するように、信鴻をはじめとする江戸屋敷の者たちは、大和郡山の野菜を育てて、国許の味を江戸でも手に入れようとしたのである。

天明三年冬、姉の死去ののち、信鴻は姉の愛した梅の古木を居室の門の傍に移し植え、翌春花が開くと、「移し植えて色は其の世に匂えども花は昔の春や忘れじ」と歌を詠み、一枝を菩提寺に納める。梅は姉を偲ぶよすがである。草木は、それぞれに所有者との結びつきを保持し、土地の記憶を運ぶ。植物が思い出をまとうともいえる。植物のやり取りは、植物にまつわる思い出を交換することでもある。

下屋敷の自給的生活

安永三年六月八日、信鴻は、前日に採取した道芝で箒を作る。

道芝は路傍や畔に生えるイネ科雑草の総称であるが、力芝や風草がこう呼ばれることもある。だが、力芝や風草で箒を作ることは寡聞にして知らない。ただ、道芝のわらじならば、熊野の村で使っていたことがあるという。*6 道芝は熊野地方での力芝の呼び名で、その草履は、稲わらの草履より丈夫で、爽やかな香りがあり、色も青々として美しかった。草履にする道芝は梅雨明けからお盆前にかけて刈り取り、三日ほど陰干しして使う。夏の盛りをすぎるとしなやかさが失われると言うのである。刈り取り時期が同じであり、草履の材料となるほどのしなやかさと丈夫さを持っている点から、信鴻の箒の材料を力芝だと考えることはできる。力芝は、六義園にも生えていたはずである。

箒を作るのに使われた道芝が力芝であったかどうかはさておき、信鴻はこの箒の作り方をどのようにして知ったのだろうか。考えられるのは、国許でこの箒が作られており、藩士の中に作り方を知る者がいたということである。六義園に雪が積もった時、信鴻は家臣の森衛門に雪沓《ゆきぐつ》を作らせ雪の中を歩いている（安四・1・15）。江戸藩邸には大和郡山の藩士が交代で江戸に勤務しており、国許の生活を持ち込んでいたことは十分考えられる。畑や田を作る者の存在は、そのことを物語る。この時作られた箒の形状も用途も不明であるが、雑草を生活用品の材料とする知識と、箒を作る手技やその手技を活かす生活が江戸の大名屋敷に存在し、それを可能にしたのが庭だったことになる。

大和郡山藩に限らず、江戸では、各藩の下屋敷が上屋敷の野菜や穀物あるいは用材の供給源であったことは知られている。岡山藩の大崎下屋敷は三万七千坪余りの広さで、敷地内には畑や林があり、菜園で採れた大根や茄子などの野菜や麦、蕗、嫁菜、椿や連翹《れんぎょう》などの花が上屋敷と中屋敷に届けられたし、家臣にも配られた。また、屋敷内の林で伐採された材木は他の屋敷の修復資材として使われ、明和九年（一七七二）に上屋敷が焼失した時には、松二百六十七本、杉七百五十三本が下屋敷から提供されている。[*7]

駒込の下屋敷にも畑があり野菜が栽培されていた。信鴻も畑に出て野菜を収穫する。駒込移転後初めての夏には、「くれ前畑の茄子をとり庭を廻る、坤風《こんぷう》烈く、雲早く、夕やけ蒼天見ゆ（安二・7・11）」と、茄子を採り終えて、夕焼け空に流れる雲を眺めながら庭をめぐるひとときもあれば、園中の茄子を採り羹《あつもの》（煮物）に作る夜もある（7・16）。安永四年秋には、お隆とともに「畑の茄子・大角豆《ささげ》・茗荷を採る（7・23）」を皮切りに、八月末まで、茄子、菜、蜀黍《もろこし》、番椒《とうがらし》など畑の成り物を採る記事がたびたびあらわれる。畑での収穫はお隆と連れ立つ事が多い。

上屋敷への野菜の供給については日記には特には述べられていない。しかし、信鴻の母が亡くなる直前、新堀の屋敷で病床に詰める信鴻のもとに、「染井より野菜等品々」が届いており（安六・1・9）、下屋敷の野菜は上屋敷や他の屋敷に供給されていたと考えられる。また、「長局南裏に畷《なわて》を結い、珠成畑に遣わす（安九・7・29）」と、長屋に暮らす息子にも畑を与える。また「下山、南畑を耕し在り（天二・3・28）」と、家臣が畑を耕す姿も見られる。家臣たちは長屋でも畑を作る。「甚三郎に親《みずか》ら蒔きし菜もらう（天三・6・21）」と、村井の長屋では子の甚三郎が種を蒔き青菜を育てて、信鴻に持ち来る。こののちも「甚三郎につまみ菜貰う（6・24）」、「畠の菜を甚三郎に貰う（7・6）」と、甚三郎は日々成長するつまみ菜を持って来る。ここには、自分で育てた野菜を自慢げに見せに来る子どもと、その気持ちを微笑ましく受け取る信鴻の嬉しさがある。このつまみ菜は、甚三郎が初めて育てた野菜かもしれない。

屋敷内の樹木は、下屋敷の用材としてさまざまに使われた。

まず、建築材としての利用を見ると、信鴻の移転からほどなくして始まった奥住居と表住居の建設では、林の木を伐り出し（安二・9・5、安三・4・21）、龍華庵前の樅《もみ》の木を、棟木にするために清兵衛に伐らせる（安三・7・30）。

園内の庭園施設の用材も屋敷内で調達される。安永八年十月には、家臣の五十嵐を連れて園中を廻り、藤棚用に伐る杉を十五本定め（10・21）、翌年、五十嵐と寺沢が水分石の橋近くに、藤棚を作る。栗の木は、橋の用材となる（天四・12・11）。妹背山の修理では、「昨今、清兵衛、妹背山橋の栗を伐る、此比《このころ》、妹背山山麓、地形を築く、土橋を切割る（天元・11・19）」と、清兵衛が栗の木を伐採し、木挽がそれを挽き（11・21）、清兵衛が橋普請にとりかかる（11・24）。

橋や住居の用材のほかにも、生活上のさまざまな場面で、庭の植物は使われる。藪の竹は、男児が生まれた家臣に、幟の竿にと請われる（安七・5・22）。珠成の息子・栄次郎の初節句には六義館前にある風雅松《かぜただしきまつ》の側に幟が立てられるが（天元・4・27）、この時の竿にも、藪から伐り出した竹が使われたのであろう。

桑の若葉は蚕の餌となる。「六本木より蚕《かいこ》生ずる故、桑ほしき由申し来る（安八・3・12）」と、六本木の屋敷では蚕が飼われており、蚕の餌に下屋敷の桑が使われたのである。桑の葉は、「園中桑葉・五加《うこぎ》を摘む、松の翠取る、七つ頃吟峨亭にて初めて杜鵑《ほととぎす》を聞く（安五・3・26）」と、杜鵑の声が響く庭で、五加や松の新芽を摘むのと一緒に摘んで、毎年のように、姉のもとへ届けられる。六本木から使いの者が桑の葉を取りに来ることもある。新堀の屋敷で暮らす母にも桑の葉は届けられるが（安五・4・11、12）、翌年、この母が亡くなると、「母公自ら親しく取らせ給う紬糸《つむぎいと》縦横数十束、箱に入れ来る（安六・1・30）」と、母が手ずから紡いだ紬糸が信鴻のもとに届く。したがって、信鴻の母も、江戸の屋敷で蚕を飼い、蚕から糸を紡いでいたことになる。また、「蚕の屎新堀より賜う（安五・5・19)」と、蚕の幼虫の糞を乾燥させた蚕沙《さんしゃ》も薬用とされていた。「百合・桑・ふきを掘り所々へ植える(安五・5・10)」と、桑も芽生えを探して園内に植え、増やされる。

信鴻の母は、藩士の森平右衛門の娘である。柳沢家は、享保九年(一七二四)、信鴻の父吉里の時代に甲府から大和郡山へ転封となるのだが、この時の森平右衛門の身分は馬廻組三十人扶持である。もっとも、明和七年(一七七〇)の席表では兄が家老職にあるので、その後一族の地位は上昇するが、甲府で過ごした娘時代、信鴻の母はそれほど高くない地位の武士の娘として暮らしていたことになる。

甲州の山梨・八代両郡のいわゆる東部は元禄年間すでに、西陣に売り出すための登《のぼ》せ糸の大生産地になっていたが、[*8]吉里は産業振興のためにさらに養蚕を奨励した。[*9]大和郡山市のホームページによると、信鴻の父吉里は、郡山でも養蚕を奨励したとされる。

幕末の武士の家庭と女性の日常生活を描いた前出の『武家の女性』によると、下級武士の家に生まれ育った千世が縫い物を習いに行った侍の家では、縫い物を教えるその家の主婦が蚕を飼い、生糸を取っていた。季節になると、手伝いの娘が来て繭から糸をひく手伝いをしたというから、相当量の蚕を飼っていたのであろう。

甲府でも、武家の内職として、藩士の家族が養蚕と機織りに携わっていたので、信鴻の母は、養蚕と機織りの技術を身につける境遇にあったと考えられる。彼女は江戸の屋敷でも養蚕と機織りを続け、信鴻と母を同じくする六本木の姉もまた、蚕を飼い、糸を紡ぐ技を母から伝えられたのであろう。養蚕を奨励する吉里の影響もあったかもしれない。江戸の屋敷で、大名の室が、母から伝えられた国許の技を継ぐ、それを可能にしたのが、六義園の桑ということになる。

茶も自家製である。六義園には茶園があり、「尾沢、後園の茶を製す（安四・4・24）」、「園中の茶を製す（安六・4・18）」と、季節には茶を摘んで下屋敷で茶が作られた。安永八年初夏に四日がかりで行われた茶摘みと製茶の記事は、次のように、信鴻もお隆も、庭仕事や摘み草のかたわら茶を摘み、夜なべ仕事で茶を作るこの時期の下屋敷の様子を記す。

三月二十六日　昼、茶をつむ、茶を製す。
　二十七日　夕、お隆同道茶を摘む、松の緑を取る、夜、茶を製す。
　二十八日　昼、お隆同道園中草根を掘る、夕、茶を摘む、夜、茶を製す。
　二十九日　夜、茶を製す。

岡山後楽園の茶畑も、藩政時代には、飲用となる茶を生産する場所であった。この茶畑では、毎年二回の茶摘みと製茶が行われ、摘んだ葉は翌日園内の台所で蒸し、室内で乾燥した後、焙炉にかけて仕上げがなされた。茶作りは、茶摘みだけでも二十人以上の人手を要する大仕事であった。出来上がった茶は江戸屋敷にも送られたし、必要な分量を残して庭園の関係者に売却された。*10

駒込の下屋敷の茶作りは、もちろん、これほど大掛かりではなかった。それでも、毎年この時期には、下屋敷全体が茶摘みと製茶に追われ、信鴻もお隆も家臣や侍女たちとともにその忙しさを共にした。

化粧水は、庭の糸瓜《へちま》から作られる。安永八年の夏から「糸瓜水」の収量が日記に記されるようになるので、糸瓜水は、この年から作られるようになったと考えられる。ちなみにこの年の収量は「糸瓜水、惣而《そうじて》六斗」である。この年以前には、義豊より糸瓜水二陶（安五・9・7）、松悦、六本木、森元町から一陶ずつ（安七・8・7、11）、上総せのより梅干しと一緒に（安七・11・14）と、知人や医者、姉や妹、田舎に住む退職した侍女から糸瓜水をもらっている。当時、個人ばかりでなく大名屋敷でも、糸瓜を植えて糸瓜水を採っていたのである。

園内で採れる糸瓜水の量は、天明二年は三斗四升、天明三年は五斗と、年により増減はあるが、三斗から六斗ほどであった。また、「去年とる所の糸瓜水今夜までに用い畢《おわ》り、今日より別陶の糸瓜水を使用（天二・10・28）」とあるところを見ると、園内で採れる糸瓜水で、一年分の用がほぼ足りたことになる。また、糸瓜の実も、黒焼きにして石臼で挽き、薬として利用された（天元・8・24）。ちなみに、小石川の御薬園では、文政五年から天保二年の間、多い時で一石五斗、少ない時で五斗あまりの糸瓜水を幕府に納めている。*11 大奥の化粧水に用いられたのである。

ちょうじそう

ぎんせんか

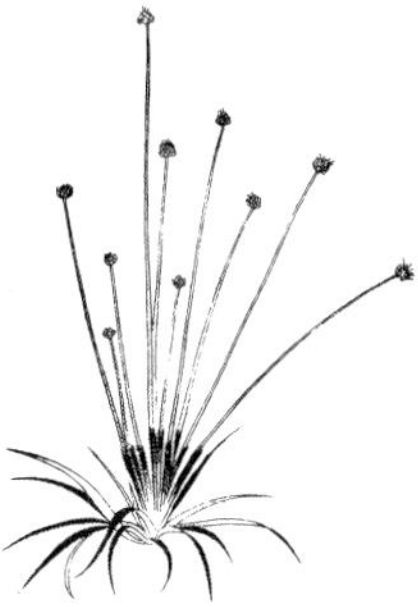

ほしくさ

きさんらん

むさしあぶみ

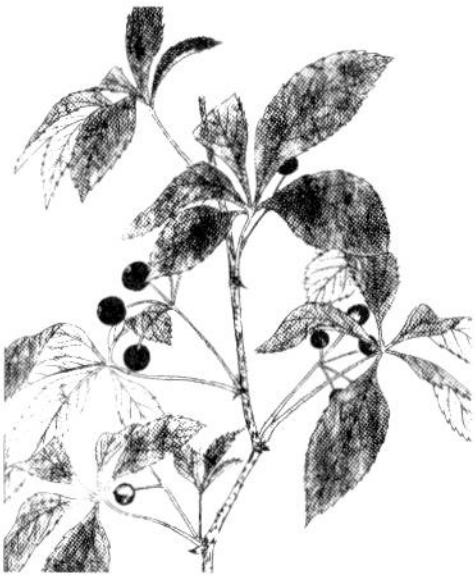

うこぎ

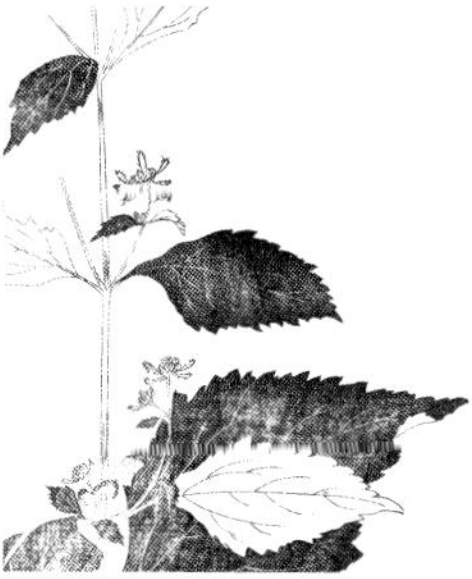

めなもみ

きからすうり

すいかずら

図❻ 園内の草花 『草木図説』飯沼慾斎他 国立国会図書館蔵

あせもやただれの予防ばかりでなく、白粉の代用としても使われた天花粉《てんかふん》も下屋敷で作られる。「米伯瓜蔞《かろ》根を天花粉に製す（天四・6・10）」、「昨日より天花粉を製す（天四・9・24）」とある。天花粉は黄烏瓜《きからすうり》の根茎をすりつぶし、水にさらして沈殿したデンプンを乾燥させて作るので、園内の樹木にまとわりつく黄烏瓜が利用されたことになる。「藩より天花粉着（安五・8・2）」ともあるので、園中で作られる天花粉は藩からの量を補う程度であったのかもしれない。

園内は、薬草の宝庫でもあった。この薬草も利用される。摘み草に出た時に、庭仕事の合間に、あるいは必要に応じて、信鴻は枸杞《くこ》や五加《うこぎ》、忍冬《すいかずら》などを摘む。枸杞や五加の芽は、蕨《わらび》や蒲公英《たんぽぽ》などと同様、季節の味として楽しまれたのだろうが、茶にも加工された。『本朝食鑑』（人見必大、元禄十年〈一六九七〉）が、茶の項目で、桑・枸杞・五加・忍冬が茶の代わりに飲まれていると述べているように、茶の木以外の植物から作る代用茶が、この時代には広く利用されていた。だが、それらの代用茶は保養に備えるもので味はよくないともされ、保健飲料と考えられていた。『大和本草』（貝原益軒、宝永六年〈一七〇九〉）も、枸杞と五加をともに薬木の項に入れ、葉を食べるが、茶の代わりに用いる、あるいは茶にするのも良いとし、「枸杞五加木補益の性すぐれたり、上品の薬なり、両木ともに宅中に多く挟《も》ち植うべし」と、庭に植えることを推奨する。

上屋敷でも枸杞と五加が、茶にするために取り寄せられているので（安二・4・18）、六義園の枸杞や五加でも茶が作られたと考えられる。春先の松の手入れで摘み採る松の緑と呼ばれる新芽も、「様々に製し、今日より持薬のごとく服す（天三・3・18）」と、信鴻の養生に対する意識は高い。枸杞や五加にも、当然、薬効が期待されていたであろう。

安永の終わり頃には、忍冬と豨薟《めなもみ》の採取が盛んとなる。忍冬は、雑木林の緑や庭の植え込みなど、人家近くでごく普通に見られるつる草であり、甘い香りの白い花が次第にクリーム色から黄色へと変わるので、金銀花とも呼ばれる。『大和本草』は忍冬も薬類に分類し、花は四月に、葉と茎は時にかかわらず採って陰干しにして使う、腫れ物をはじめとして効能が多く、茶の代わりに煎じて飲むと体によく、また花を茶に加えると香りが良いとする。忍冬は園内のあちこちにあったようで、「園中の忍冬を取る」の記事がたびたびあらわれる。「躑躅・杜鵑花の芽を取り、千里場へさす、金銀花もとる（天元・5・17）」と、庭仕事の合間に採ることも多い。

日記中になもみと記される豨薟《めなもみ》も路傍や空き地にごく普通に見られる雑草である。小さな黄色の目立たない花をつける豨薟は、夏から秋の開花の頃に刈り取り乾燥させたものが、生薬の豨薟《きれん》となる。『大和本草』によると、豨薟は風邪の薬である。「お隆と園中をまわり、なもみを掘り植える（安八・5・26）」とあるのは、豨薟の畑を作ろうとしたのだろうか。

忍冬や豨薟は、遊歩の道すがらにも目にすることができる。畑地の間のあぜ道を抜けて、寺を訪ね歩きながら雑司が谷へ行った日、途中で卯木にからみついた忍冬を見つけて「夥《おびただ》しく取る（安八・3・22）」。この数日前にも、日暮里の青雲寺から道灌山に上がる道で、穴沢は忍冬をとるために一行に遅れている。また、湯島に出かけた時には、池之端の切り通しに豨薟が多くあるのを見つけ、穴沢を採取のために残す（安八・6・10）。下屋敷の周辺には忍冬や豨薟の茂る藪や空き地が数多くあり、信鴻は、周囲の植物に有用性の面からも常に目を配り、目当ての植物を見つけるとすかさずその場で採取したのである。採取の担当者も決められていた。

天明三年の夏から秋にかけて、湿疹に悩まされた信鴻は、園中の忍冬を採り忍冬湯に入る（6・14、8・29）。忍冬は、飲用のほかに、沐浴剤としても重宝であった。また、「きれん丸を真養母《さね》へ遣わす（天元・6・20）」と侍女の母に与えているので、豨薟は丸薬にされて身近な者たちにも使われていたことになる。

薬草の利用には、それぞれの植物の薬効とともに、特定の草をそれと見極める本草の知識が必要であるが、その基本的知識を信鴻はもっていたと考えられる。身近な動植物に対する関心も高い。花垣山で白い花が一面に咲いているのを見つけて鉢に植えるが、葉は姥百合《うばゆり》のようで花は六片、白花茶に似ている、とその観察はこまやかである（安三・2・6）。植木屋で見慣れない植物を見つけると調べる。浅草参詣の折、秋葉門前の植木屋で、せん菜という、蓴菜《じゅんさい》のような葉で黄色い花をつけた水草を買った時に、「せん菜、本草を按ずるに莕菜《あさざ》なるべし（安八・6・17）」と、本草書で確認しているのは、そのあらわれである。「昨日熊蟬《くまぜみ》の未だ地虫《じむし》なるを園中より持ち帰る、昨夜中蟬に成り、今朝飛び去る（安六・7・8）」と、庭で見つけた蟬の幼虫が羽化する様子を一晩かけて観察し、「去年の秋より厠《かわや》の障子の算に有し蓑虫《みのむし》、今日壁を伝い初めて動く（安五・4・24）」と、厠の障子の桟にぶらさがる蓑虫に日々目をとめ、冬を越して動き出すのを見届ける。虫眼鏡を購入し、虫眼鏡へ草花虫などを入れてお隆と見る（天四・8・10）。この虫眼鏡とは、顕微鏡のことである。信鴻は遠眼鏡も持っていて、六義園を訪れた人を眺める。当時の見聞記『袮覚譚《ねざめばなし》』によると、安永八年の頃、浅草に唐物眼鏡類を商う店ができ、世間では唐物類や阿蘭陀物が流行していた。まだ普及し始めたばかりの光学製品を手に入れ、レンズのもたらす視覚の広がりをさまざまに試みる信鴻は、時代が開いた新しいまなざしで、周りの自然を見つめていたのである。

近郊の遊歩も、植物の知識を増やす機会となっていたらしい。

いつものように、数人の供をつれて雑司が谷へ出かけた時、途中にある木を指差して、供の石川が、チャンチンという名で、駒込あたりでは下駄にして売り、新芽は葱《ねぎ》の代わりに吸い口にすると説明して、龍華庵にもあると話す（安三・3・30）。それを聞いた皆は嘘だと笑うが、二日ほどして龍華庵の義範に尋ねると、たしかに同じ木があり彼はその葉を持参する。香椿《ちゃんちん》は背の高い落葉樹で、まっすぐ伸びた幹の先に葉を広げ、赤い新芽が次第に緑に変わる。この新芽の特有の香りと苦味を含んだ風味が愛されて、現在の中国でも料理に使われている。ちょうど芽出しの時期で、その燃えるように赤い若葉が目を引き、話題となったのであろうが、忍冬や豨薟《めなもみ》の採取と考え合わせると、通りすがりの植物にも本草的な眼差しを向け、話題とする信鴻一行の、植物採集の色合いを帯びた遊歩の一面が浮かび上がってくる。

見慣れない植物があると、知識のある者に尋ねるのも、信鴻の草木に対する興味の強さを物語る。尋ねる相手にも事欠かなかった。お隆と園中を散策している時、枸杞《くこ》のような実をつけている枝を見つけて持ち帰り、侍医の松悦を介して植木屋に尋ねさせたところ花《はな》丁子《ちょうじ》だとわかる（安九・6・3）。妹背山で、葉は裘《かわごろも》のようで、黄色い豸虫《ちむし》のような花か実をつけた長さ二寸計りの草を見つけた時には、玄杏《げんきょう》方へ届けて名を問う（安四・5・28）。玄杏の家にはちょうど、本草に詳しい仲間が集まっていたが、この植物の名前はわからなかった。この時居合わせた者の中に、『解体新書』の翻訳で知られる桂川甫周の父だと考えられる甫三の名があることから、玄杏もまた、この頃注目を集め始めた蘭学や本草学に興味をいだく医師であることがわかる。信鴻は、彼に、阿蘭陀船の図や南京蠟《ろう》（安六・2・22）、「紅毛の粉薬（安六・10・16）」、実は「紅毛製の由カウヒと云う薬（安六・10・18）」をもらい、彼の家を訪れて、南京紅毛物数百種、石類、獣魚鳥等、薬草類を見、紅毛の焼酎を振る舞われる（安七・3・22）。カウヒはコーヒーだとわかるが紅毛の焼酎は出島で飲まれていたというジンだろうか。

　玄杏は、小倉侯の供で江戸を離れる時暇乞いに来ているので（安五・2・29）、家臣ではないようだが、信鴻の母が亡くなった時には藩医とともにその傍らに詰めており、大和郡山藩から扶持を受けていたとも考えられる。下屋敷もたびたび訪れ、信鴻と連れ立って園中を廻る事も多い。見慣れぬ植物の名を問い合わせた二週間ほど前にも、信鴻は彼を連れて園中を廻り、筍を採り与えている（安四・5・12）。玄杏を伴った庭の散策は、信鴻にとって、本草についての知識を深め、園内の植物について学ぶ場であったにちがいない。西洋医学の本格的な翻訳書である『解体新書』の刊行は安永三年（一七七四）である。この頃江戸では、薬用になる動植物や鉱物を展示して情報交換を行う薬品会や物産会がたびたび催され、自然物に対する博物学的な関心が高まる。平賀源内が江戸で開かれた薬品会の展示品を集めて宝暦十三年（一七六三）に刊行した『物類品隲《ぶつるいひんしつ》』には、信鴻と親しく、信鴻に六義園を案内されたこともある宗紫石《そうしせき》（楠本雪渓）の描いた図も収められている。信鴻は、当時第一線で活躍する文化人、知識人と親しく交わっており、時代の最新の知識を得ることができた。

　信鴻が駒込に隠居してから詠んだ句を集めた天明四年の『蘇明山荘発句藻《そめいさんそうほっくそう》』に収められた名月を詠んだ次の句にも、信鴻の精神のありようがあらわれている。

壬寅《じんいん》の秋、良夜蝕《しょく》なりければ
名月の中の曇や世界の図

壬寅は天明二年、この年八月十五日は月蝕であった。司馬江漢による『銅版地球全図』の刊行は寛政四年（一七九二）、コペルニクスの地動説を紹介する『和蘭天説』の刊行は寛政八年（一七九六）である。月の蝕に地球の姿をみる信鴻には、西洋の天文学の知識がすでにもたらされていた。それをもたらしたのは玄杏かもしれない。六義園で仰ぐ名月もまた、風雅の伝統ばかりではなく、この時代に開かれ始めた新しい世界を信鴻に見せてくれていたのである。

俳諧の愉しみ

吉保の時代、駒込の下屋敷は、将軍綱吉の母・桂昌院と娘の鶴姫・八重姫来訪の栄誉を受ける。桂昌院の訪問は六義園造営以前であったが、鶴姫と八重姫の訪問は、造営の翌春である。鶴姫が訪れた日、六義館には二つの花瓶にえもいわれぬ見事な花を挿して据え、金屏風を立て並べ、螺鈿や蒔絵の香箱に非常に珍しい香木を並べ入れて、ひと間ひと間を華やかに飾り立てた。園内にはところどころに街中の店の有様が再現されて、雛遊びの調度のような小さくて美しい物、流行の櫛かんざしなど、「大かた世にある種々《くさぐさ》」が並べられており、芦辺のほとりの茶屋では田舎風の茶屋女の姿をした人形が客たちを招く。花盛りの吟花亭が食事の場とされた。この日の六義園は、「しらぬ世に来《きた》る心地」する、華やかで趣向に満ちた夢の国であった（『松蔭日記』）。

信鴻の時代には、当然のことながら、吉保の時代のような大掛かりで華やかな催しは認められない。当時の六義園での催しのうち最も多いのは俳諧の会である。それも、出席者は、同じ俳諧の趣味を持つ親しい大名や俳諧宗匠、息子たち、それに家臣といった、ごく内輪で催される会となる。

すでに述べた米翁のほかにも、信鴻は月村所《げっそんしょ》や蘇明山人などの俳号で、俳諧を楽しんだ。活動の場は江戸座である。江戸座は、其角の俳風を受け継ぎ、洒落・闊達を旨とした都会趣味を特徴とする江戸の点取俳諧の宗匠のグループである。点取俳諧は、点者に句の採点を依頼して連句を巻き、詠んだ句の優劣を競う遊戯的な俳諧で、高得点者には景品が出された。信鴻の時代、点取俳諧の投句者は主に御家人や富裕な町人であり、大名や旗本の間にも愛好者は多かった。

信鴻の息子たちも、それぞれ俳号をもつ俳諧の愛好者であり、家臣にも俳諧の趣味をもつ者は多い。信鴻の、俳諧の宗匠や俳諧を趣味とする大名たちとの交わりは密である。なかでも、すでに見たとおり、銀鵞《ぎんが》（酒井忠以《ただざね》）、菊貫《きくつら》（真田幸弘）、汝章《じよしよう》（松平容章）とは特に親しく、日常生活でもさまざまなやり取りがある。また、父・吉里の正室は酒井忠挙《ただたか》の娘、息子米徳の母は幸弘の父真田信弘の娘であったから、両家とは近い姻戚関係にあった。

下屋敷移転後、初めて蟲上亭《こじようてい》で催された俳諧の会は、安永三年九月に信鴻の俳諧の師・珠来を招いた十三夜の月見の会である（9・13）。参加者は信鴻に息子の珠成、それに側近たちを含めて十人、それぞれが十吟して点を競い、午後一時頃に始まった会は夜八時頃終わる。

句会の後、珠来に届けられた信鴻の句は、

十とせあまりにて対面せし悦び、互に半百も過ぎぬれば、心の外に替らぬ物なければ

月ばかり昔の顔や十三夜

と、長年指導を仰ぎながら顔をあわせることのなかった師に、隠居してはじめて自由に会

える喜びを述べる。また、後日届けられた俳友米叔の次の句は、琴を鳴らし、句を詠む、なごやかな集まりの様子をうかがわせる。

九月十三夜蘇明の仙窟の夜遊びに侍坐す
後の月照るやお膝の琴の上

信鴻はこの年すでに、蠱上亭で、六月に伊達侯、八月に姫路侯をもてなしていた。伊達侯は、宇和島藩主・伊達村候《むらとき》であり信鴻の早くに亡くなった正室は村候の妹であったので、信鴻とは義兄弟になる。藤堂家の下屋敷を訪ねた彼は、帰りに信鴻の住まいに寄る。午後から夕暮れにかけての訪問は、龍華庵での村候の妹の霊前参拝、珠成も同席する蠱上亭での饗応、園中閑歩と続き、亭に戻り村候の引退の相談を受けて終わる（6・4）。姫路侯酒井忠以も、藤堂家訪問の後、大塚の下屋敷に向かう途中に訪れ、信鴻とともに小雨の降り出した庭を歩き、蠱上亭で吸い物や酒のもてなしを受ける（8・6）。忠以は、このとき十九歳、家督を継いで三年目の若い藩主であった。忠以からは、引越し直後に訪問の意向が伝えられたが、「今年は断り申し遣わす（安二・6・9）」と、断っていた。この日は急な訪問で、わずか一時間ほどの滞在であったが、双方ともに待ちわびた、親しく語り合うことのできるうれしい時間であったに違いない。この訪問を契機として二人の間には俳諧仲間としての付き合いが始まり、忠以は、以後、銀鵞として日記中に現れるようになる。さらに、信鴻は忠以の弟、酒井抱一（杜陵）とも親交を深める。

下屋敷で初めて春の暖かさを感じた日、冬の間籠っていた奥御殿の部屋から表御殿に出てきた信鴻は蟲上亭で、俳諧用人の米駒とともに珠来連中より届けられた句に点をつける（安三・2・16）。俳諧宗匠の上田鷹吉を呼び、米の字を与えて俳号を米叔と改めさせる（安三・6・12）。十三夜の月見の後、「仙窟の夜遊び」の句を届けたのはこの米叔で、彼は、のちに園内に住まいを与えられ、藩主の参勤に従い大和郡山に赴くなど、信鴻父子に最も愛された俳諧宗匠である。

蟲上亭は、雨やどりの場としても重宝であった。「白雨至るゆえ莚《むしろ》を被り水分石亭へ行く（安三・6・14）」、「初汐湊の芝を刈る、細雨至り蟲上亭へ入る（安三・6・19）」と、庭仕事の途中に雨が降り出すと、蟲上亭に駆け込む。雨が止むのを待ちながら、雨の庭を見晴らすのもまた格別の趣であったにちがいない。

蟲上亭は、日常生活上の用も果たす。「お隆小袖、蟲上亭にて虫干し（安二・6・8）」、「狂言おどり衣装、蟲上亭にて虫干し（安二・6・10）」と、引越しのすぐ後は、衣服や芝居衣装など衣類に風を当てる場として使われる。江戸には当時、野良犬が多かったが、蟲上亭にも犬が住み着いており、信鴻は、犬が子を産むと子犬を取り寄せて見る（安四・8・9）。

蠧上亭は、安永七年夏に建て替えられる。この年閏七月初めに記された、壁が出来、畳を替え、障子を貼るといった完成間近を伝える記事から、畳敷きで障子が嵌められた蠧上亭の姿が浮かんでくる。『遊歴雑記』は、水分石の「瀧口の上、右の方」にある建物を、「達磨堂」と記し、大きさは九尺（二・七メートル）四方で西には壁がなく、三方は腰通り小壁がめぐる作りで、右には飛泉、東に紀州の眺め、北は波濤のごとく溶《うね》りつらなる山々を眺望して、「風景飽かざるの勝地」だとする。達磨堂が信鴻の時代と同じ建物であるかどうかの判断はつきかねるが、蠧上亭の眺めの良さは、信鴻の時代も同じであったことだろう。

高尚な隠居生活を標榜する文芸の遊びの場でありながら、一方で生活感あふれる光景の繰り広げられる蠧上亭は、当代の名園でありながらも信鴻の生活の場である六義園の姿を、よくあらわしている。

安永五年の暮れには、太隠山の裏に新しく茶屋が建てられて、こののち、催しの場は山裏茅屋、あるいは単に茅屋と記されるこの茶屋に移っていく。高台から庭を見晴らす蠧上亭に対し、茅屋は山裏の木立に囲まれた隠れ里のような場所である。流れを遡り、山吹や萩の花の咲く道を辿って行き着く茶屋には、花盛りの桃林の奥にある桃源郷のおもむきがなくもない。

この茅屋で催された俳諧や詩の会は、なぜか、安永七年に集中している。まず、桜が花開く三月十六日、茅屋での最初の興行となる俳諧の集まりは、午後二時前より始まり、珠成・米叔・米雩《べいう》・米伯・宜童・米駒が参加して七吟ののち、暮れより六義館で続きを詠んで終わる。評者が点をつけ、すべてが終わったのは夜中の十二時に近かった。実はこの前日、弟・米々の葬儀が執り行われている。十歳以上年が離れていたが、この弟と信鴻との間柄は密であった。下屋敷を訪れることもしばしばで、お隆を交えて六義園で土筆摘みを楽しんだこともある（安五・2・17）。当時の習慣で、葬礼に信鴻が出席することはなく、代理として側近三人が遣わされ、遺骸は赤山（埼玉県川口市）の伊奈家の墓地に葬られた。したがって、葬儀の翌日に催されたこの句会は、直接最後の別れをすることの叶わなかった弟の追善のために、信鴻が催した句会であったと考えられる。参加者のうち特定できるのは、珠成と側近の米叔、米伯、米駒だけだが、すべて米々ゆかりの者たちであったと考えてまちがいないであろう。

翌十七日、摂津麻田藩主・青木一貫《かずつら》に、悔やみの歌を贈られた信鴻は、

年《とし》遅しいずれ散るちょう（と言う）花ながらかた枝枯れにし春ぞさびしき

と返す。一貫は、先年蟲上亭でもてなした伊達村候の弟で三花の俳号を持つ、信鴻の義弟であり俳友である。米々とも俳諧を通じた親交があったであろう。若い弟の死は、二本ある枝の片方が枯れたと感じさせるほどの悲しみと寂しさを、老年の信鴻にもたらした。その弟の死を、親しい者たちは句を詠みあって弔い、茅屋がその場となった。

菊の季節、園中の楓がなかば色づいた秋の催しは、新築なった腰掛茶屋の披露となる祝いの会である（9・23）。腰掛茶屋の場所は特定できないが、「大山の腰掛茶屋（閏7・20）」とあり、藤代の周辺にあったと考えられる。このめでたい席のために、家族と家臣たちは、半月以上準備に奔走する。家臣の穴沢と伊藤が腰掛茶屋で使う茶棚や釜をあつらえに出向き、信鴻は田原町で求めておいた書家・河原保寿《ほじゅ》の手になる「雅遊」の額を打ち、茶屋の四方には清兵衛が楓を植え、お隆は暖簾《のれん》を贈る。米叔にもらった「有花即入」の額も掛ける。前日になると、信鴻は腰掛茶屋の座敷飾りと家具を決め、あわせて園中のほかの茶屋への飾りつけを命じる。

当日の朝、米社が釣瓶の花を活けて準備が完了する。この日の主賓は銀鵞と公菜《こうさい》の二人で、珠成、米社、米駒に俳諧宗匠三人が加わり、九人で歌仙を巻く。公菜は常陸宍戸藩主・松平頼救《よりすけ》である。月村所で八吟ののち園中を回り、腰掛茶屋で食事、茅屋にて即興の発句と夜餉《よるげ》、月村所に戻って残りの句を詠んで百韻となる。茅屋で詠まれた即興の発句は、すぐに家臣の福原の手で板に彫られ刷物にされた。客たちが帰ったのは、夜中近くであった。ここには、家族や家臣とともに準備に奔走する信鴻の姿がある。

よく晴れて寒さの強い初冬の一日、この年の最後となる催しに、信鴻は細井平洲を招く（10・11）。平洲は、信鴻が漢詩の添削を乞う儒学者で、米沢藩の上杉治憲《はるのり》（鷹山）の師として知られ、安永九年には、尾張藩に招かれて藩校明倫堂の督学《とくがく》（学長）に就任する。この日の会は、園内を廻り茅屋での酒宴ののち、字を探って漢詩を賦す詩宴である。宴が果ててのち居間でしばらく物語などして、夕暮れに平洲は帰っていく。

安永九年になると、茅屋は、息子たちの客をもてなす場となる。十一月四日、高家《こうけ》六人が下屋敷に招かれる。高家は、幕府の儀礼や典礼を司る世襲の役職であり、高家の役職につくことのできる家もまた高家と呼ばれ、数が定まっていた。吸龍と米社の養子先である武田家と六角家も高家である。

この年は、吸龍と米社が高家および高家見習として官位を得る。この年六月、前年に家督を相続していた吸龍が高家職に就いて安芸守を名乗り従五位下侍従に任じられ、米社は高家見習となって伊予守を名乗り同じく従五位下侍従に任じられる。したがって、この饗応は、二人の息子の官位昇進の披露目であり、古参の高家職や上役にあたる人びとに対する、新任の挨拶の場として設けられたと考えられる。木々が紅葉し、菊花壇に花の残る名園での一日の遊興は、客たちを満足させるに十分であり、吸龍と米社の後ろ盾としての柳沢家の力を印象づけたであろう。

信鴻の時代、前もって準備を整え、特別に客を招いて催す集まりは、以上でほぼ尽きる。もちろん、六義園ではほかにもたびたび俳諧の会が催される。だがそれらの会は、特別に銘打たない、日常的な会であるところに特徴がある。菊貫を招き、俳諧宗匠たちとともに、朝から夕方まで蟲上亭で歌仙《かせん》を巻く日もあり（安三・3・27）、珠来と珠成それに米叔の四人だけで半日ほど句を詠むこともある。園中をまわり水分石で歌仙を始めたのが日暮れとなり、月村所に場を移すが時間が足りず、半歌仙で終わる（安四・11・1）。あるいは、銀鷲や菊堂、在転とともに六義館と月村所での俳諧を終え、園中の土筆摘みに興じるうちに清書が出来上がり、舟で戻る（安五・2・16）。ちなみに、歌仙を巻くとは、五七五の長句と七七の短句を句会の参加者が交互に詠み合い、三十六句でひと区切りとすることである。当時の句会では、詠み終えた句を清書し刷物にして配るのが作法であり、下屋敷でも家臣が彫刻を行うが、職人が呼ばれて板彫りをすることもある。

興行として催される句会のほかにも、六義園では、居合わせた人びとが即興で歌を詠み、句を詠み合う光景がよく見られる。

穀雨の暦どおりにしとしとと降った雨が止んでうっすらと日の差す午後、下屋敷を訪れた米社と孫の熊蔵にお隆や珠成を交えて、信鴻は園内で摘み草を楽しむ。摘むのは、蕨《わらび》や釣鐘人参《つりがねにんじん》、蒲公英《たんぽぽ》である。この時、米社と珠成が題を出して歌を詠み始め、そこに信鴻が加わる。歌の題は、「山居春晩」と「夕蛙」。桜はすべて散りつくし、新緑の園内には躑躅《つつじ》が彩りを添え、数日来の雨で水の増えたあたりの田はすっかり苗代の準備が整い、蛙の声が満ちていた（安八・3・6）。

また、杜鵑《ほととぎす》の声が終日響く六月のある夕暮れ、大山の草を刈り、拾玉渚《たまひろうなぎさ》の草を刈り終えると信鴻は、米叔と珠成とともに園中を廻り、三人で即興の三吟歌仙を巻く。夜には三弦を鳴らし、床に着いたのは夜中の一時過ぎである（安五・6・5）。

仙窟に侍坐して夏の暑さを忘る
琴を弾き書を繰る風の涼しけれ　　米叔

と、すでに掲げたこの句を米叔が詠んだのは、この日である。琴棋書画、琴を弾じ、囲碁を打ち、詩作にふけり、画を楽しむこと、我が国においても古くから君子の教養、嗜みの代表とされてきた常套句がここでも使われる。当時の教養ある人びとにとって隠居生活の理想と考えられていた、世俗を離れ琴棋書画の世界に自在に遊ぶこと、その自在の楽しみが六義園において実現していることを、米叔はこの句で表明する。

郊外に遊歩に出た時にも俳諧は楽しまれる。庭でしきりに鶯がさえずり、「今年初めて大快晴」となった日、信鴻は、お隆とともに二十人ほどで摘み草に出る。一行は、屋敷近くの野原や田の畦にびっしりと生えた嫁菜《よめな》を摘み、尾久八幡宮に参詣して境内で弁当を開いたあと、草を摘みながらのんびりと日暮里まで歩いて、日暮里で相撲を見物する。そして、「今日草つむ間に四吟歌仙を始む」と、草摘みをしながら、互いに句を詠む(天三・2・26)。

心を動かされる風景を目にすると、即、俳句が、和歌が口をつく。それが当時の教養ある人びとの習いであったのだが、下屋敷での生活が長くなるにつれて、特に句会と銘打たなくとも、気分が乗れば居合わせた者たちで歌や句を詠む生活が日常になっていく。息子たちや気心の知れた者たちと興にまかせて歌や俳句を詠み合う、それは信鴻にとって、生活そのものが山里での遊びであるような暮らしを、実感できる瞬間であったに違いない。

栗を拾い、茸を採る

八月になると、栗が地面に落ちはじめる。ひと月ほどの間、六義園では、栗拾いが日課となる。拾った栗の収量が記されるのは安永六年からで、それでもこの年はまだ、「昨日より毎朝栗を拾う(8・13)」とあるものの、栗拾いの記事はそれほど多くはなく、収量も、九月になってから数回、五升ばかり、三升ばかり、二升余りと記されるのみである。

それが、翌年の安永七年になると、閏七月二十四日に「栗、今日より日々落ちる」の記事ののち、毎日のように栗拾いの記事が現れる。それも、「園中栗を拾い、妹背山の草を払い、暮れ頃帰る（閏7・27）」と、栗拾いのあとには夕暮れまで草を刈り、「雨中園中廻り、友庵召し連れ栗拾い、土産につかわす（閏7・30）」と、雨の中訪ねてきた友庵を伴い栗拾いに出て、拾った栗を土産として与え、あるいは、「夕、初茸十茎初めて取る、栗・椎も拾う（8・1）」と、茸採りのついでに栗や椎を拾い、また、「夕、園中廻る、お浅・お隆も出る、栗を拾う（8・2）」と訪ねてきた娘のお浅やお隆を誘って栗拾いに出る様子がたびたび記される。まるで、栗拾いのおもしろさに目覚めたかのようである。栗の収量も、はじめのうちは一升、二升だったのが、八月半ばになると連日、五升、六升に増え、十八日には一斗六升採るまでになる。翌八年は栗の収量がさらに増え、シーズンを合わせると六斗二升六合にのぼる。栗の収量はこの後も増え続け、安永九年九月には、「栗都合一石二升」と、大量の収穫を記録する。

「園中を廻り栗を拾う」とあるところを見ると、園内いたるところに栗の木が生えていたようである。用材としても使われる栗の木は、庭木として植えられたというより、自然に芽生えた木が育ったようにも受け取れる。ところが、安永九年には、庭係であるらしい和助が「栗林の裏へ杉を並樹に植える（3・18）」と、栗林の存在を窺わせる記事が現れ、ついで、「昼蒲公英《たんぽぽ》を取る、栗芽生え数十株取り植える（4・22）」、「太隠山上の草を掘る、栗芽生えを取る（5・5）」、「夕、お隆と茱萸《ぐみ》子拾い凩山《こがらしやま》の草を刈る、栗芽生え植える（5・22）」と、四月から五月にかけて、庭仕事の合間や摘み草の時に見つけた栗の芽生えを掘り取り、植える記事がたびたび現れる。「園中廻り栗の芽生えを取る（5・8）」と、時には、栗の芽生えを探して園内を廻る。数十株とあるので、相当数の苗が植えられたと考えられる。この年五月には、お隆と草根を掘るときに見つけた木々の芽生えを東畑へ植える記事もあり（5・20）、園内で掘り取った芽生えを植える苗畑が下屋敷には設けられており、そこに栗苗も植えられたであろうことを推察させる。さらに、翌年の天明元年秋には、「船津、栗苗を植え替える（9・18）」、「船津、栗苗を千里場へ植える（9・22）」と、前年植えた芽生えらしい栗苗が家臣の手により移植され、園内で栗が増やされている様子がわかる。園内の栗は、信鴻自身が、時にお隆も一緒に、芽生えを採取して植え、家臣の手を借りて増やされていったのである。

秋には椎も、黒光りする小さなどんぐりを、びっしりと木のまわりに落とす。大木の下一面に散らばった椎の実を拾うことには、栗拾いとはまた別の楽しみがあったようで、「園中の栗・椎を拾い庵へ立寄る（安五・8・22）」を始として、季節には、椎拾いの記述がたびたび現れる。椎の実は生で食べることもできるが、軽く炒ると香ばしくほのかな甘みが出てくる。

安永六年八月二十八日には、朝早くお隆が栗と椎を拾い、昼には信鴻が椎を拾い、午後、今度は二人で椎を拾ったあと龍華庵でむかごを採って暮れどきに帰る、秋の味覚の収穫に余念のない二人の一日が記される。そして、翌日には、その椎を米徳へ、むかごを米徳の室・お永へ届ける。その手紙には、

今年いついつよりあたり年なれば、心に寿《いわい》て申しつかわす
あやかれと椎おまするに位山《くらいやま》

と発句を添える。椎は四位に通じるところから、米徳の昇進を願ってのことである。米徳が従四位に昇進するのは、二年後の安永八年十二月であるからまだ先のことであるが、豊年の椎の実が、信鴻に四位昇進の期待を強くさせたのであろう。椎の実は、言葉遊びにかこつけて親心を伝えるよすがともなる。椎の実は、拾うのも、食べるのも、そして、椎＝四位の連想からも、楽しみな季節の産物であった。

椎の実を拾うことは他の大名庭園でも楽しまれたようで、岡山藩池田家の大崎下屋敷にも、椎の実採取の記録がある。この下屋敷は、七代藩主・池田治政が隠居後、寛政六年から文化七年まで住まいとしたのだが、文化二年の大崎屋敷日記によると、九月三日に菜園の椎の実をとらせ、七日には「程なく御拾いに御出につき」菜園の椎の実を落とさせるよ

う御納戸より知らせがあり、御菜園小頭と鳶二人に、馬場の端にある二本、富士見山の二本、目黒御門の二本の椎の木の実を落とさせた。[*12] 椎拾いに出てくるのは、治政と側室や侍女たちであろう。前もってわざわざ実を落とさせておくほど、椎の実拾いは魅力的であったと見える。この日には、椎の実を「今年は紙袋壱俵差し上る」ともあり、岡山藩では椎の実が下屋敷の重要な産物であったことになる。

栗に少し遅れて、茸が出始める。安永三年の秋は、八月十九日に六義館前の詞林松《しりんしょう》の後ろで初茸《はつたけ》を四つ採ったのが、茸の季節の始まりであった。この年八月は、

二十一日　文衛門藪にて初菌（茸）十七枚取る。

藪を廻り、南岸下の初菌八つ取り、舟にて帰る、お隆も初菌一つ取る、惣じて二十六枚。

二十二日　今朝初汐湊《はつしおみなと》にて初菌四十八枚とる。

新堀よりお隆へ海鮮くださる、返事に初菌上げる。初菌総じて五十一枚取る。

二十三日　昼、初菌二つ、布引菌一つとる。八過ぎ、初菌六枚、布引数根取る。

二十四日　初菌八枚とる。

二十五日　雨中お隆同道初菌取りに出、山裏地にて初菌四十八枚とる。

二十六日　初菌手紙にて銀鷲へつかわす、初菌少し不足ゆえ取りに出る、
　二十一、二枚取る。

と最盛期の一週間ほど、毎日茸採りが続く。まれに布引茸や鼠茸《ねずみたけ》、樅茸《もみたけ》も採れるが、採れる茸のほとんどは初茸である。雨の中でも茸採りに出かけるし、銀鷲のような親しい者に贈る時に数が足りなければ、探しに出かける。探せばすぐに見つかるほど、初茸は多い。

採れた茸の数は、栗と同じように記録される。初茸の最も多く採れた年は安永八年で、この年は八月十一日から採れ始め、一日に一本採れる日もあれば百本近く採れる日もあり、九月十日までの一ヵ月のあいだに四百本以上の収穫を見る。採れる場所は、藪、詞林松の付近、初汐湊、山裏、水分石の岸辺と場所が記されることもあるが、園中と記されることがほとんどで、ほぼ園内全体に初茸が出ていたと考えられる。

安永九年になると、松露が採れ始める。この年十月十四日、信鴻はお隆とともに、花垣山の松の下で松露を大小百六十ばかり採る。実は、二年前すでに、「七つ前より園中廻り初茸七茎・栗一升五六合・松露二つ（安七・8・6）」と、信鴻は松露を採っている。この時は二つだけだった松露が二年の間に百六十に増えており、松露が園内で勢力を伸ばし始めたことを推察させる。とはいえ松露は小さな茸なので、嵩《かさ》としてはそれほどでもなかったであろう。松露がもっともよく採れたのは、翌年の天明元年で、この年は春三月半ばから採れ始め、三十日には吹上湊で百二十二、その日の昼過ぎに今度は夕照岡《ゆうひのおか》で百三十と多

数の松露が採れ、四月になると五日ほどの間に、多い日には七十ほど採れるのである。秋にも、十月に茅屋前の十七を皮切りとして、その後も、二つ、六つと松露が採れる。

松露の出現と入れ替わるように、初茸の収量が減っていく。安永九年は全収量が九十本で最盛期の一日分にも満たないし、翌、天明元年は季節を通じてわずか九本しか採れない。園内の初茸は、二年の間にほとんど消えてしまう。

初茸は、松林の草むら、特に芒《すすき》の生える場所に出る茸である。松露も松林に出る茸であるが、こちらは草や落ち葉のない松林の砂の中に出る。初茸から松露への交代は、芒の減少と、裸地の増加を物語る。実はこの頃、六義園では、「座禅石山の根ほりでき、大山下の根掘る（安七・11・30）」、「昨日より太隠山草根を掘らせ（安八・1・20）」と、草の根掘りが集中的に行われる。信鴻の庭仕事も、「草根掘る」が増えるとともに、草刈りも芝刈りに変わる。長年草刈りを続けた結果、六義園の築山や岸辺は、草丈の高い草むらから丈の低い芝原へと変わっていたのである。「六義園之図」（口絵参照）は芝の築山にまばらな植木を描いているので、安永の末頃、六義園は、絵図に描かれた築庭当初の本来の姿を取り戻しつつあったことになる。ところがその結果、深い草むらを好む初茸は消えて行き、裸地の好きな松露が生え始めた。そこで信鴻は、「初茸の生るところへ四ヵ所、草刈るべからざる札を建てる（天四・8・1）」と、草刈りを禁止する場所を設けて、初茸の保護に乗り出す。

最後に、天保の頃、九段下に屋敷のあった旗本の婦人・井関隆子が、旗本の下屋敷に出かけて一日を過ごした時の様子を紹介しておこう。九月半ばに親類の新見正路が所有する高田の山里に行こうと思い立ち、拾った栗を入れる袋などを準備して子どもたちもその日を待ちわびていたのが、台風が来て強風が吹き、栗は期待できなくなる。それでも予定の日、前日からあれこれ準備して出かけた新見の屋敷で、ほんの少し残っていた栗を「世になきもののようにもて騒ぎ」、屋敷内の小松の丘に今年は初茸が出ていると管理人に教えられて一生懸命探したが見つけることができず、椎の木の下に無数に落ちた椎の実を、皆争うように拾う。隆子は椎＝四位にまつわる平家物語の故事を思い、丘の上より周囲の稲田をながめて歌を詠み、花々の咲き乱れる秋の野を賞し、はては、皆で酒を飲み弁当を食べて秋の一日を過ごす。*13

新見の屋敷にも、松林の草むらに初茸が出ていた。しかし、草むらがあり初茸が出ていても、慣れない者には草の中の茸を見つけることはむずかしい。井関隆子はまた、昔、多摩川の岸に初茸狩りに出かけたが、近在の子どもや老女がいともやすやすと茸を見つけるのに自分たちはまったく見つけることができず、「こころやましうくちおし」かったと述べている。信鴻やお隆が数多くの初茸や松露を見つけることができたのは、毎日園内を歩き、草むらの中や砂に埋もれた茸を見分ける目ができていたからである。

菊見と菊花壇

安永三年九月三十日、信鴻は珠成とともに屋敷近くの植木屋をめぐり、菊を見物する。翌日、今度はお隆が、家臣や侍女たちと総勢十九人で菊見に出かける。この時期、下屋敷前の殿中や加賀屋敷脇の巣鴨では、立ち並ぶ植木屋の庭に菊が咲き誇り、菊見物の人びとで賑わった。菊好きの信鴻も毎年、菊を求めてあちこち歩く。

江戸ではこの頃、庶民の郊外の遊覧が盛んになる。遊覧のうち、最も人気のあったのが花見であり、花見客の増加とともに、花の名所を記した花暦が数多く出版される。この種の花暦の最初は、春夏秋冬にわけて花の盛りをしるし、時鳥《ほととぎす》や雪の見所も掲げた『草木花暦江都順覧四時遊観録』だとされるが、その刊行は安永五年である。信鴻が下屋敷に移った頃、巣鴨や王子の付近は行楽地としての名を高めつつあった。この花暦の冬の部の最初に掲げられたのが、菊である。同書は、「立冬三四日め、巣鴨、本所、渋谷」に続けて、巣鴨を当時第一とす、尤《もっと》も植木屋園中也、所は加賀守殿中屋敷の前。

すがも通の中（座敷、花壇ともよし）保坂四郎右衛門
同　　植木屋八五郎
同（座敷、花壇広し）　斎田弥三郎

いなり小路　植木屋佐太郎
五軒町（うえ木　鉢もの）　植木屋市左衛門
すりばち山　植木屋佐兵衛
すべて六軒、道法十町余也。

と、巣鴨の植木屋の庭を第一の名所とする。平原で山のない江戸では、霜が遅く、したがって紅葉も遅いが菊の盛りは長いとの説明も加える。事実、同書に掲載された紅葉の名所は品川の海晏寺《かいあんじ》と東海寺、目黒不動の滝、浅草の正燈寺《しょうとうじ》など、数ヵ所の寺の境内のみである。江戸には、京近くの竜田や嵐山のような、自然の中で楽しめる、古くから名を知られた紅葉の名所はなかった。菊見物が盛んであったのは、紅葉の名所が限られる江戸の人びとにとって、菊が紅葉に代わる冬の景物であったことにもよる。

さて、安永三年、信鴻の一行が菊を見に訪れたのは四軒の植木屋である。そのうち二軒は、右の花暦に掲げられた四郎左衛門（四郎右衛門）と八五郎であり、他の二軒は花暦には名のない庄八と武右衛門である。信鴻たちはまず、下屋敷のすぐ前にある庄八の菊を見るが、ここでは藤堂家の家臣十人ばかりが座敷で酒宴を催していた。菊見にも酒宴がつきものであったと見える。花暦に座敷の情報が掲載される所以である。この庄八は、『新編武蔵風土記稿』上駒込村「芸家」の項に「庄八、宝暦年間ヨリ遊歴セラレ、御腰ヲ掛ラレシ事モ度々ニ及ブ」とある、将軍も訪れる由緒ある植木屋である。

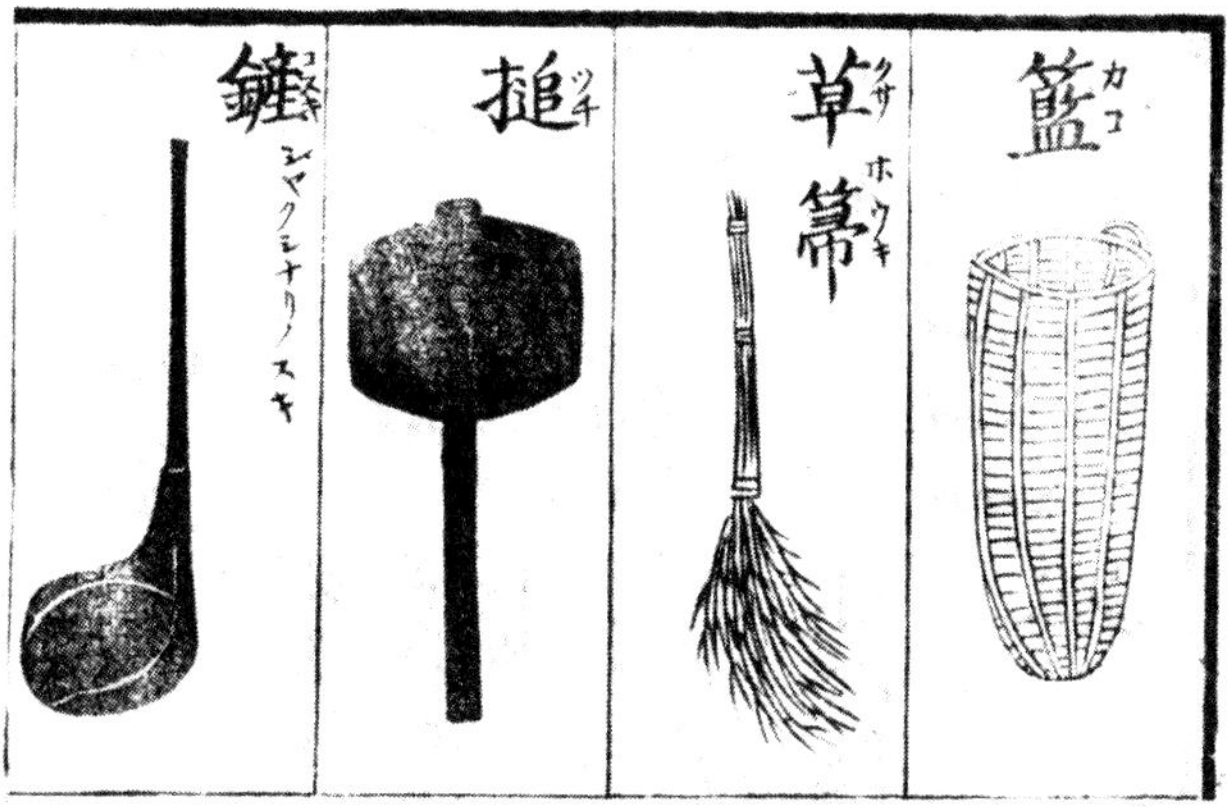

図❼ 菊栽培用の道具 『菊経国字略解』松平頼寛 国立国会図書館蔵

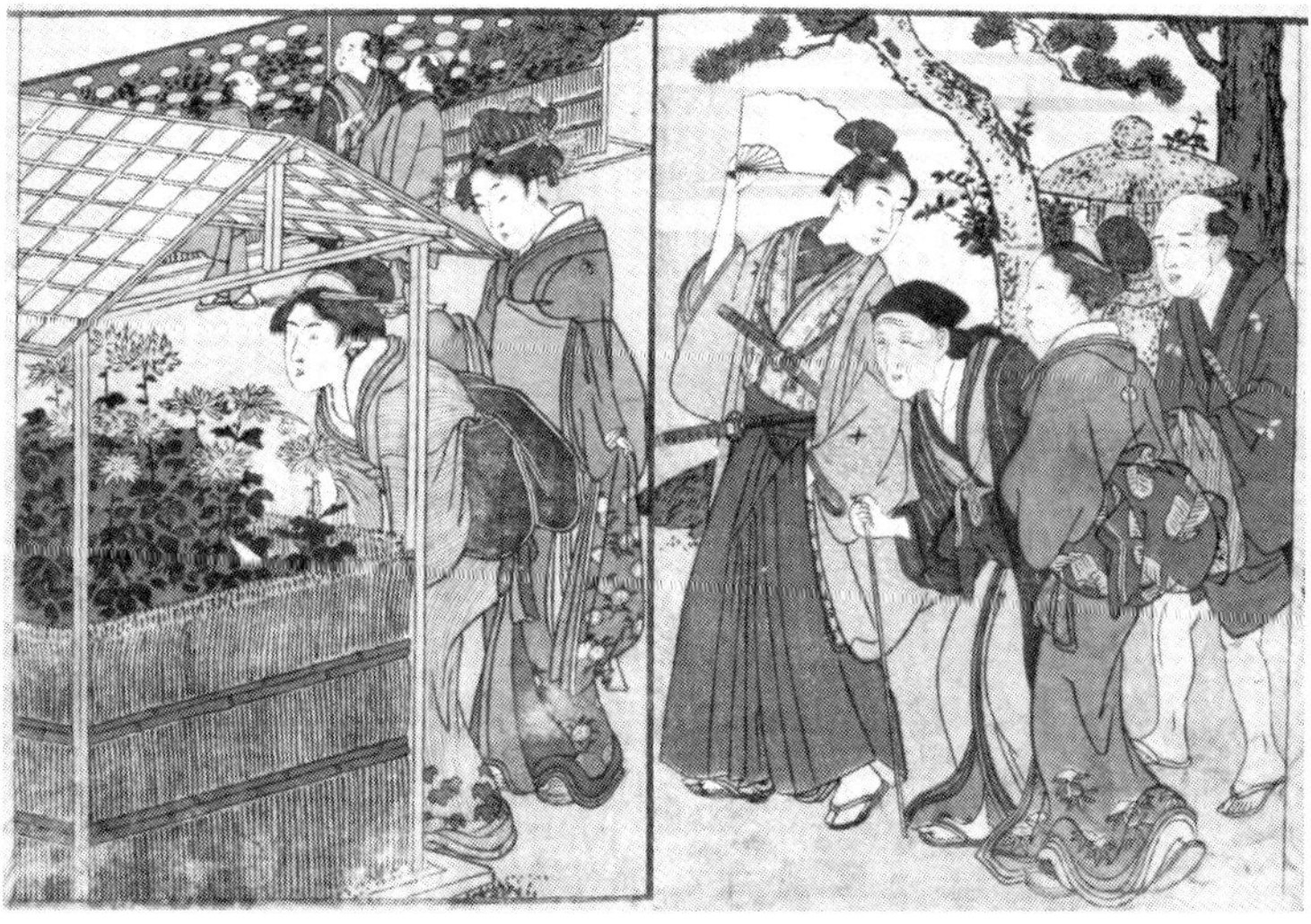

図❽ 菊見の様子 『絵本四季花』喜多川歌麿 国立国会図書館蔵

続いて訪れた巣鴨では、最初に四郎左衛門の菊を見る。ここの菊も見物人が多かった。信鴻は、いずれの花壇の菊についても触れていないが、四郎左衛門も由緒ある植木屋で、将軍家の菊御用を勤め、江戸城本丸の菊花壇を作るほど菊栽培の技術には定評があった。「座敷、花壇ともよし」の花暦の記述通りであったであろう。両家の菊の見事さは、十日ほどのち、雑司が谷の会式に出かけた時、信鴻が再度、庄八と四郎左衛門の菊を訪ねていることにも窺うことができる。次に訪ねた八五郎は、前の二軒にくらべて家は甚だ劣っていたが花はすばらしく、信鴻は気に入った花の名前を書き留める。菊見物は、新しい花の情報を手に入れる機会でもあった。最後に訪ねた武右衛門で黄色と白の中菊を買い求め、村はずれの庚申塚まで足をのばして家路につく。日はすでに落ちていた。そしてこの日の日記に、信鴻は、次の二句を記す。

酒の香に虻《あぶ》も誘いて菊めぐり
三夕の果ての果てみる野すえ哉

蓬萊の亀や屋形船など、菊で種々の形を作る「作り菊」がもてはやされるのはまだ先のことであり、安永の頃は花壇に植えられた菊を観賞したのだが、この時すでに信鴻は、巣鴨の菊見に俗化と商業主義とを感じ取っていたのであろう。

巣鴨の菊花壇については、小石川養生所の肝煎《きもいり》を務めた小川顕道《あきみち》が『塵塚談《ちりづかだん》』で、二十歳の頃、巣鴨の植木屋の花壇は長さ七、八間ほど、四郎左衛門は十二、三間で、皆、中菊だけを作っていたと述べている。顕道が二十歳の頃は宝暦の半ばにあたり、信鴻の時代から十年ほど前になる。屋根で覆われ籬《まがき》で囲われた花壇に植えられたあふれるほどの菊と、菊を見物する年寄りや若侍をまじえた武家の女性のグループを描く喜多川歌麿の『絵本四季花』は、寛政十三年の刊行である（図❽）。信鴻の菊見から二十年以上のちであるが、花壇や武家を中心とする見物のありさまは、信鴻の頃もほぼ同じであったと考えられる。

信鴻は、こののちも毎年菊見に出かけるが、菊も年により出来、不出来があるようで、次に信鴻が菊を堪能するのは、安永七年である。この年は九月二十一日に珠成を伴い、四郎左衛門、弥三郎、市左衛門と、三軒の植木屋をまず見る。この時、市左衛門の庭で信鴻は、唐樹や唐草といわれる舶来植物の鉢植えが四、五十種並べられた棚に目を惹かれ、縷《る》紅草《こうそう》の変種を求める。文化四年（一八〇七）、菊見に巣鴨を訪れた大田南畝《なんぽ》も、市左衛門の庭に「和漢蛮産の草木」の鉢植えがあることに注目し、仙人掌《さぼてん》やアロエ、麒麟角《きりんかく》などの名前を『一話一言』に書き留める。舶来の植物に対する興味の高まりに呼応して、舶来の鉢植えに特化した植木屋として市左衛門がその後も専門性を強めていったことを窺わせる。

市左衛門の後、信鴻は権左衛門を訪ね、さらに、御家人・田辺富五郎の菊を見る。この田辺富五郎の素性も、信鴻との関係も不明であるが、前年信鴻は、備後福山藩・阿部家の中屋敷の菊花壇を訪れて、「花壇三間ばかり、座敷二間、庭造樹等」ある庭の菊を見物している。当時御家人や大名の屋敷でも菊栽培が行われており、評判の高い菊花壇には見物人が訪れていたことになる。

元禄の頃すでに、染井の植木屋・三之丞伊藤伊兵衛が『花壇地錦抄《かだんちきんしょう》』（元禄八年〈一六九五〉）に「菊のるい」二百三十五種を載せていることからも、江戸時代の早い時期に菊栽培が盛んであったことを知るが、上方では、正徳から享保にかけて菊栽培がブームとなり、正徳年間（一七一一〜一七一六）には、京都円山とその周辺で大菊の新花を競う菊合《きくあわせ》がたびたび催されて、その記録が刊行される。なかでも、享保二年（一七一七）九月の円山菊大会は、花数合わせて三百八十種、出品者は百四十三人にのぼるほど盛況であった。同年には、菊栽培の方法から観賞の手引きまでを記した養寿軒雲峰《ようじゅけんうんぽう》による『花壇菊花大全』も刊行され、菊栽培の普及を物語る。江戸でも、享保の頃に、小日向や目白、浅草などの寺を会場に菊合が催され、平野屋吉兵衛の手で『江戸菊会』として刊行される。

その菊合が安永七年九月に亀戸天神で催される。空に浮かぶのは雲一つだけの晴れた暑い日、信鴻はこの菊合に出かける（9・19）。急に思い立ったのであろう。米社を誘うが断られ、連れは珠成一人となる。途中で俳諧宗匠の在転を誘うがこちらは留守、次に誘った俳諧仲間も、誘われて菊合に出かけたあとであった。筋違橋《すじかいばし》のあたりで船に乗ると、乗り込んだ茶屋の者がすぐ、米をとぎ竈にかけて料理の準備を始める。水上ではすぐ横を、珠来が連れとともに屋根船で通る。彼らも菊合に行くのである。この菊合は俳諧仲間で話題になっていたと見える。船中で持参の弁当を食べ、亀戸で珠来と落ち合い会場へと向かう。会場は毛氈《もうせん》を敷いた八畳二間で、三方に竹筒を並べて大菊が生けられており、見物人は四、五十人いた。展示された菊のうち霰松原《あられまつばら》と銘のある筒咲きの白菊を信鴻は「珍しき菊」と見る。帰りは船の中で料理人の料理を肴に酒宴となり、「言い捨て歌仙」を楽しみ、八句目まで詠み終えた所で船宿に到着する。天明元年にも信鴻は、池之端で「挿花大菊等会」の札が茶屋に出ているのを見かけているので（9・12）、菊合はこの頃、所々で行われていたらしい。当時、菊の人気は、高かったのである。

信鴻も下屋敷に菊花壇を作る。引っ越してすぐ上屋敷の菊を畑に移し（安二・6・9）、翌年に新墾田の跡（安三・3・21）、安永五年に書院の庭（安五・5・16）、安永八年には居室の南庭に菊苗を植える（安八・4・14）。

安永九年になると、菊作りの専門家に依頼して、園内に本格的な菊花壇を設ける。この年二月、庭師の清兵衛に菊花壇の場所を耕させ、ほどなく、「かねて園中菊を作り見せん事」を約束していた高野山の江戸在番所・高野寺の成慶院《せいけいいん》に、菊作りの者同道で、その場所を見せる（2・29）。園内に菊花壇を設けることは信鴻の以前からの企てであったらしい。花壇の場所ははっきりしないが、すでに菊花壇を設けていた新墾田であるとも考えられる。この日同道した菊作りは、西久保に住む清川馬龍という者で、信鴻は彼に、菊の品種の選定から苗の植え付けや手入れといった花壇の管理全般にいたるまで、すべて任せている。馬龍は隠居とあるのみで出自は不明だが、下僕を従えて仕事をしているところから、菊作りの専門家として、あちこちの屋敷で菊花壇を作っていたものと思われる。馬龍は二月の下見の後、三月に四十一種の菊を植え、五月から毎月二、三回手入れに訪れて、十月にはさまざまな種類の見事な花を咲かせて、菊見物に大勢の人びとを誘うほどの花壇を作り上げる。この年信鴻は、十月十九日と二十二日に狂言興行を行い、「見物数十人」と、いつになく多くの見物人を集めてもいる。菊花壇の力が大きかったに違いない。

この花壇を気に入り、出来栄えに満足した信鴻は、馬龍に次の歌を贈る。

今年、清川何某、わが園のうちに色々の菊を移し植えたるが世に稀に咲揃い、年に稀なる人さえつどい来りて、誉《ほまれ》物し侍る（略）

すみよしの春の海辺も何かせん秋の籬《まがき》の菊の色々

馬龍は、新しい花を作出する育種家でもあったらしく、信鴻は、この年、請われて切り花と実生の菊二十三種の銘をつけ、下げ札にして与えており（安九・10・12）、翌年にも、実生の菊花二十種の銘を請われる。天明三年の「此度は新花のみ」とある花壇は、その年馬龍が作り出した花だけが植えられた花壇であったのだろうし、それ以前の花壇にも、馬龍の作り出した他所では見られない珍しい菊が植えられていたにちがいない。馬龍による菊花壇は天明三年までで、この年、信鴻は馬龍に頼まれて「晩栄亭」の額字を書いて与える（天三・10・16）。晩栄亭の名から、馬龍は老齢のためこの年限りで菊作りをやめ、新花のみの花壇は、馬龍の菊栽培家としての最後を飾る記念の花壇だったとも考えられる。

菊花壇は上屋敷にも設けられていた。安永八年秋、お永が、上屋敷の菊花壇を覆う屋根に、和歌や発句の短冊を吊らせるというので所望されて、信鴻も歌と発句を書いて届ける。二年後には米徳が、咲き始めた庭の菊に短冊をつけて信鴻に届ける（天一・10・5）。上屋敷では女性たちも一緒になって菊花壇をさまざまに楽しんでいたのである。

陸奥守山藩主・松平頼寛《よりひろ》が自身の菊栽培の経験をもとに漢文で大部の『菊経』を著したのは、宝暦四年（一七五四）である。陶淵明に愛され、蘭竹梅とともに「四君子」と称されて、その高尚なイメージから、大名を始めとする文化人にふさわしい花とみなされた菊は、大名たちの間に愛好者が多かった。月ごとの手入れのみならず、仕立て方や道具、菊につく虫まで、菊花と菊栽培に関わるあらゆる情報が盛り込まれた同書が、翌年和文の解説をつけた『菊経国字略解』として刊行されたことは、当時、一般にも菊栽培が広く普及しつつあったことを窺わせる。ところで、同書に挙げられた菊作りの道具の一つに草箒がある。草を束ねただけの簡単な箒だが、苗の間の塵を払うのに使い、先が柔らかいので菊の枝葉を傷つけることがないとしている(図❼)。信鴻が、道芝で作った箒は、あるいは、菊栽培用だったかもしれない。

信鴻の周囲でも菊作りは盛んであった。季節には、菊の切り花をもらうことが多くなるし、知り合いの花壇見物にも出かける。

まず、大店の主人と覚しい妙義坂の薪屋吟八の菊をお隆が見に行き、家の珍花であるあざみ菊の鉢植えをもらう(安三・10・1)。信鴻も彼の菊を見に家を訪ねて、翌春、菊の芽をもらう約束をし(安七・10・5)、翌年四月、約束通りもらった五種類の菊苗を、居室の庭に作った菊花壇に植える(安八・4・14)。

側近たちも菊花壇を作る。天明元年秋に信鴻は、お隆の弟・村井と用人の滝、二人の花壇を訪れている。まず、九月二十一日、夜になって、お隆、米社、熊蔵とともに村井の長屋に行く。八人の侍女が供である。「村井氏菊花満開」とこの日の日記に記された見事な菊を前に、一同は三味線を弾いて賑わい、夜中まで遊んで帰る。家族が集まって催す菊見の宴である。前年、村井は同僚の溝口とともに、菊の根分けや苗の植え付けといった奥庭の菊の手入れを行っており、もともと、菊の趣味があったものと思われる。二十八日には、珠成の長屋を訪れた帰り、滝の長屋に立ち寄り菊を見る。滝は相当の菊作りであったと見え、信鴻は天明三年十月にも菊を見に滝の長屋を訪れ、茶菓のもてなしを受ける(10・

7)。

丹精込めて咲かせた菊花壇を前に、飲み食い歌って一時を過ごす菊見もあれば、茶を喫し静かに花の美しさを愛でる菊見もある。愛好家同士ならば、花の咲き具合を比べあい、育て方を教え合って話がはずんだであろう。苗のやり取りの約束も交わされる。菊の季節には、身分の違いを超えて菊に親しむ光景があちこちに見られたのである。

菊合が所々で催され、珍しい菊を集めた植木屋の菊花壇がこの頃賑わったことの背景には、このような趣味の菊栽培の広がり、つまり自分の庭で菊作りを楽しむ多数の人びとの存在があった。

植木屋たちとの付き合い

安永三年十二月十一日の午後、晴れた空に冬雲が出始めたのを気にしながら、信鴻は供を連れてそぞろ歩きに出る。湯島参詣の後、なじみの茶屋に立ち寄り、墨屋で筆立てを買い、谷中通りを過ぎ、最後に千駄木の植木屋で室《むろ》を見て、紅梅の鉢植えを買う。

室は、南方の植物の冬越しのために設けられる和風温室である。江戸時代の半ばを過ぎると、園芸熱の高まりとともに、唐橘《からたちばな》や蘭、蘇鉄《そてつ》といった暖地性の植物の冬越しの方法が、いろいろ工夫されるようになっていく。はじめの頃は地下に掘った穴蔵に貯蔵していたのが、その後、唐室《とうむろ》とよばれるフレーム型温室が考案されて、地上での冬越しが可能となる。この唐室が普及するのは信鴻の時代よりだいぶ後のこととなるのだが、唐室は、天明の頃に、四谷の住人・朝比奈氏が工夫したものともいわれる。[*14] また、この頃の室にまつわる次のような話を、大田南畝の『一話一言』が伝える。天明元年十月二十日過ぎ頃、青山隠田の名主・佐平次という者が、鉢植えの植木を入れるために人夫に命じて穴蔵を作らせたところ、庭から茶釜と銭数十貫文を掘り出したというのである。地中から出現した茶釜と銭が人びとの興味をかきたて話が広まったのであるが、この話から、天明の頃まではまだ地下型の室が使われていること、富裕な園芸愛好家ならば自宅の庭を掘って室を作るほど、江戸で地下型の室が普及していたことがわかる。一方、『遊歴雑記』の著者敬順《けいじゅん》は、文化十年（一八一三）に鎌倉長谷寺北隣の光則寺で、日蓮の弟子の日朗が昔押し込められたと言われる土牢を見て、崖に掘られた横穴を、「当世の植樹室《うえきむろ》などというもののようである」と記して、横穴形式の植木室が、文化の頃には広く使われていたことを知らせる。信鴻の時代は、園芸植物の冬越しの方法がさまざまに試みられ、普及し始めていた時代である。

さらに、安永二年春、平賀源内の校正により『秘伝花鏡《ひでんかきょう》』の和刻版が刊行されたことも、室の利用の観点から注目される。『秘伝花鏡』は、元禄元年（一六八八）、陳淏子《ちんこうし》が中

図❾ 染井植木屋『絵本江戸土産』松亭金水他　国立国会図書館蔵

国で著した、我が国の園芸に大きな影響を与えた園芸書である。その和刻版の刊行は、当時、この種の書物が広く求められていたことを意味するのだが、この書の巻二に「変花催《へんかさい》花《か》の法」として、本来の季節より早く花を咲かせる方法が紹介されている。その方法は、紙で密閉した室内に穴を掘り、牛馬の糞尿を発酵させたものを敷いて地温を上げ、沸騰した湯を穴の中に置いて、竹の棚上に置いた植物に湯気を当てることで開花を早めるという。

千駄木の植木屋で信鴻が訪れた室がどのようなものであったのか、詳しいことはわからない。しかし、「室を見る」とわざわざ記されているところを見ると、信鴻が手に入れた紅梅の鉢植えは、当時まだ珍しい、室で開花を早められた梅であったとの推測も成り立つ。土蔵や穴蔵でも、『秘伝花鏡』の方法を応用すれば植物を早咲きさせることは可能である。新しい情報に敏感な千駄木の植木屋が、『秘伝花鏡』に紹介された方法を試し、早咲きの梅を売り出したことは、十分考えられる。後に『武江遊観志略』（安政六年〈一八五九〉）が、十二月の「花鳥遊観略」の項に室咲き梅を挙げ、その場所を染井・巣鴨辺の植木屋とそのほか所々植木屋としていることも、この推測の蓋然性を高める。室咲きの梅は、この後試みる植木屋が増えて、次第に土地の名物となっていくが、染井・巣鴨辺の植木屋がその中心にいたのである。

染井、巣鴨、千駄木、動坂と、下屋敷のあたりには植木屋が多く、庭に植木を並べて販売していた。染井は村全体が植木屋、巣鴨は武家屋敷の横、千駄木は寺町、動坂は百姓地と、それぞれの立地と規模は異なるが、先端の園芸情報に触れることのできる植木屋の庭はいずれも、植木好きの信鴻にとって遊歩の折に足を止めるかっこうのスポットであった。屋敷近くに住む植木屋たちとは、親しい付き合いも生まれている。

信鴻と個人的な付き合いのある植木屋には、まず、前町の花屋権兵衛がいる。安永三年十一月二十九日の植木屋巡りが権兵衛の庭から始められているように、権兵衛は屋敷に最も近い植木屋の一人であった。すでに見たように、権兵衛には梅の接ぎ穂をもらったり接木を依頼したりしているし、住居の庭に植える伽羅木《きやらぼく》を権兵衛より求めているので（安四・9・15）、植木も取り扱っていたようであるが、花屋の名の通り、権兵衛の得意とするところは鉢物で、信鴻とは鉢物を通じたさまざまな付き合いがある。日前柾《ひのくままさき》と九年母《くねんぼ》の鉢を権兵衛方へやり、磯柏と椿の鉢と取り替える（安三・1・14）、梅の鉢植え十三鉢と椿二鉢を与えて他の樹を持参するように命じる（安三・1・22）、あるいは、蘭や緋桐《ひぎり》などの管理の難しい南方産の植物を預けておき、花が咲くと権兵衛が持って来る（安三・8・25、安四・7・23、安六・8・13）。権兵衛方にも室が設けられていたのであろう。名前のわからない鉢植えがある時には、呼び寄せて名前を尋ねるし（安三・3・21）、珍しい椿や（安三・3・9）、正月の福寿草の鉢植えを（安四・1・1）、もらうこともある。

さらに、権兵衛との間には、花や植木の仕事だけに限定されない、ご近所ならではの付き合いがある。安永五年秋分の日、いつものように供を連れて遊歩に出かけた信鴻は、鍬《くわ》を背負い、田より帰り来る権兵衛に出会う（安五・8・8）。権兵衛は田を作る農民でもあった。一行の行き先を聞いた彼は、鍬を肩にしたまま先に立ち、黍稷《きび》の生い茂る田の中を手でかき分けながら途中まで道案内する。農作業に従事する者たちが使う道であろう。信鴻は、この時、農民としての権兵衛の姿に接したことになる。

天明二年の春には、お隆と摘み草に出て権兵衛方に寄り、縁側で綿入《わたいれ》羽織に着替える。屋敷を出ると、冷たい西風が吹いていた。遊歩の途中に知り合いの家で着替えをすることはよくあるので、この寄り道は特に珍しいことではないのだが、この時信鴻は、「妻、庭にて機糸《はたいと》を張り居る」と、庭で機織り仕事をする権兵衛の妻の姿を目にする（天二・3・7）。権兵衛は不在であったようだが、この時、権兵衛の妻はことさらに仕事の手を休めることなく信鴻一行を迎えていることになる。信鴻の訪れは権兵衛の家族に、供を従えた元大名というより、近くの知り合いが通りがかりに立ち寄るという日常的な行為として受け止められ、信鴻も、その場にさりげなく身を置いて、農民の日常生活に目を留める。植木をめぐる信鴻と権兵衛とのやりとりに、気のおけない親しさが感じられるのは、そこに、近所住まいの気安さがあるからでもあろう。

毎年菊見物に訪れる庄八も、信鴻が懇意にしている植木屋である。下屋敷の門前という こともあり、菊の季節以外にも信鴻は庄八の庭をしばしば訪れる。霧島躑躅《きりしまつつじ》を見に行き、庄八が挨拶に出てきたこともある（安八・3・16）。もっとも、庄八からは園中に植える満天星躑躅《どうだんつつじ》を取り寄せたことがあるだけなので（天三・10・5）、庄八とは、もっぱら庭の見物を通じた間柄のようである。

　この庄八との間にも近所同士の個人的な関係が存在したことは、天明元年夏、庄八が中風にかかった時、庄八の妻が家臣の穴沢方へ島鳶《しまとび》の入手を頼みに来たことにあらわれている。島鳶は中風の妙薬と考えられており、俳諧仲間の汝章《じょしょう》の藩地・会津の産であった。信鴻は、汝章に手紙を書いて島鳶を手に入れてやり、また、豨薟《めなもみ》から作る豨薟丸《きれんがん》を一回分練らせて与える（天元・7・21）。その後の庄八の病状は不明だが、翌年の春、お隆とつれだち摘み草に出た時まず訪れた庄八方で、満開の桜と芽吹き始めた楓の庭を廻る信鴻のもとに、庄八の妻が出てきて挨拶する（天二・3・7）。彼女は、信鴻の前年の心遣いに対する感謝の気持ちを伝えるために出てきたのかもしれない。

　動坂の治衛門の名前もたびたび現れる。彼の名前は、表御殿の東の庭に植える黐《もち》の木二株と木犀《もくせい》一株を動坂はなや治衛門より求め、治衛門が一緒に来たとあるので知れる（安六・12・5）。この数日前に信鴻は、浅草参詣の帰りに「動坂花やへ寄り、植樹を見」ているので、その時に選んだ木であろう。治衛門は広い植溜《うえだめ》を持ち、大木を取り扱っていたらしい。とするならば、安永四年に、「動坂花やの桂花《けいか》大樹、晩方車にて引き寄せ東の庭へ植える、花や父子も来植える（9・5）」とある動坂花やも、治衛門と見てよいであろう。この年の春にも、動坂より銀杏大樹を買い、表庭へ植えている（安四・4・2）。治衛門の名はないが、これも治衛門であろう。この時にはまだ、名前を知るほどの関係ではなかったと考えられる。

このの ち信鴻は庭に植える大木のほとんどを治衛門から手に入れる。治衛門は頼りになる植木屋であった。そのことは、信鴻の庭の植木選びによくあらわれている。安永七年の暮に新築なった居室・三申庵に信鴻は移るのだが、年が明けると清兵衛が庭を作り始め、信鴻は庭に植える木をあちこちで探す。まず、浅草参詣の帰りに動坂で「植樹屋治衛門を呼び出し、梅と桜の値を尋ね（安八・1・12）」、ほどなく、木犀と老木の豊後梅とを取り寄せる。二月に出かけた浅草参詣の帰りにも動坂樹屋に立ち寄り（2・7）、数日後に、その時見た彼岸桜を取り寄せる。一週間ほどたつとまた、浅草に植木探しに出かけるが、最初に訪ねた金杉町の植木屋の八汐楓《やしおかえで》は値段が折り合わず断念。次いで根岸の植木屋二軒に入るが望みの木がない。民家の枝垂れ桜に値をつけ、谷中首振坂の宇平治の庭で松と楓に値をつけるがどちらも値段が折り合わない。屋敷が次第に近づくなか、千駄木でも二軒植木屋を見、最後に、治衛門方で二人の息子が千汐楓《ちしおかえで》を植えているところに行き合い、ここで、楓と大善桜を手に入れるのである（2・19）。

動坂と駒込、二人の生活圏は重なり合う。街中で仕事中の治衛門と顔をあわせたり、着替えに立ち寄ったりするのは権兵衛とおなじだが、屋敷から少し離れ、上野や浅草への道筋にある治衛門の家は、お隆と出かける時に待ち合わせに使ったり、屋敷に戻る前に一休みすることが多い。

お隆と上野に出かける時、先に屋敷を出た信鴻が、「動坂治衛門方に行き待ち合わせする、下女、椽《えん》へはなござ敷き請う（天元・9・19）」。浅草に行く時にも、「動坂植樹屋椽にて待つ、ほどなくお隆駕《かご》にて」来る（天元・9・23）。信鴻が来ると、心得た家の者が、花《はな》莫蓙《ござ》を敷いて歓迎してくれる。

下屋敷の霧島躑躅が満開の午後、信鴻は、珠成とともに遊歩に出て、帰りに治衛門に寄る。一行は、庄八の霧島躑躅と牡丹屋の満開の牡丹を見物し、日暮里まで足をのばして青雲寺の見晴らしで、穂を出した麦の上で雲雀《ひばり》がさえずる田んぼの光景を楽しみ、千駄木樹《き》屋《や》で植木を見る。最後に動坂治衛門方へ立ち寄り、少し休んで煙を弄《ろう》している所に、治衛門が出てきてしばらく話す（安八・3・16）。信鴻は、治衛門方から取り寄せた何本もの木を三申庵の庭に植えたばかりである。治衛門から取り寄せた木々の具合や手入れ、植溜に植えられている植木のさまざまなど、二人に話題は尽きなかったであろう。翌年春、雛人形を買いに出た時にも、「千駄木植樹屋へ立ち寄り、動坂植木屋にて椽に休み、煙を弄し七つ前帰廬（安九・2・30）」。次の年の秋にも、「動坂樹屋へ立ち寄る、主婆、ござを敷き、椽にて烟りを弄す（天元・10・3）」。お隆や甚三郎と共に、大勢で駕籠を連ねて浅草参詣に出かけた時にも、帰りに千駄木で駕を降りて「治衛門方に少し休む、治衛門出る（天二・5・17)」。

いずれも、一日の遊歩が終わろうとする頃、屋敷をすぐそこにしながら、一休みして煙草をくゆらす。屋敷では、大勢の家来や使用人に取り囲まれた元大名の生活が待っている。心のままに歩いた心地よい疲れを感じながら、信鴻は治衛門の縁先で日常生活に戻るための気持ちの切り替えを行っているようにも見える。しばしの間自分に帰り、屋敷の生活に戻る心の準備をするための時間であり、場所である。気心の知れた植木屋の庭は、茶店のように他の客を気にすることもない。治衛門と好きな植木の話に興じながら烟をくゆらすひと時は、信鴻にとってかけがえのない嬉しい時間であったに違いない。

芝を焼く

木々が葉を落とし、草が枯れ尽くすと、六義園では、草を焼くことが日々の仕事となる。草を焼く作業は十月の半ばから翌年の二月まで四ヵ月近く、毎日のように続けられる。安永三年の秋、草焼きは次のように始まる。

十月十七日　妹背山の芝を焼く。

十九日　初汐湊《はつしおみなと》の芝を焼く、松葉を焼く。

二十一日　水分石向の芝を焼く、松葉を焚く。
二十三日　花垣山下の薄茅《すすきちがや》を焼く、妹背の芝を焼く、夕方又葦《あし》を焼く。
二十五日　蓮池の草を焼く。
二十六日　蓮池の芥《あくた》を焼く。

一言で草を焼くといっても、信鴻が焼く草は、芝、芒《すすき》や茅、イネ科以外の草、水辺の芦とさまざまで、松葉や芥を焼くこともある。妹背山や初汐湊といった六義館のすぐ前から花垣山や蓮池のような園の奥まで、草刈りと同じように順を追って、草を焼く場所が園全体に移っていく。同じ場所に数日かかることもあるので、一回に焼く範囲は狭かったと考えられる。この草を焼く作業から、園の姿がおぼろに浮かび上がってくる。安永三年の時点では、妹背山は芝の山、初汐湊は芝にまばらな松の林、水分石の向かいにも芝原がある。藤代は、山頂付近は芝だが麓は草である。蓮池の付近も草で、池にはこの季節、立ち枯れの蓮の葉や実が残り、芥となる。蓮池の奥にある花垣山の付近が芒や茅の草むらであったらしいのは、園の奥までは刈り取りの手が十分およばないせいであろう。池の岸には葦が生え、溝にも葦が入り込む。

年数がたつにつれて、芝のほかに伝芝《つたいしば》の文字が現れ始め、天明二年になると、冬の芝焼きは、伝芝を焼く作業のみになる。伝芝は、その意味合いから、野芝や高麗芝《こうらいしば》のように匍匐茎《ほふくけい》で増える芝、現在一般に芝と呼ばれている草であると考えられる。とするならば、安永三年に焼かれた芝は、力芝や風草のような丈の比較的低いイネ科雑草一般を指すことになるであろう。

野芝や高麗芝は、我が国の広い範囲に自生している。したがって、園内の伝芝の増加は、草刈りを長年続ける事で次第に、刈り取りに強い匍匐性の芝に園内の植生が変化したことを示すとも考えられるが、芝が積極的に移植された結果でもある。

新堀《しんぼり》の母の屋敷より高麗芝をとりよせ、清兵衛に妹背山に植えさせたのは、安永七年四月と五月である。高麗芝は、野芝にくらべ、葉が繊細で密な芝生をつくる。移転から五年が過ぎて園内の大型雑草が減少し、高麗芝の芝生造成が可能になってきたのかもしれない。安永九年には、「木の古根掘し百姓より芝納める故、清兵衛、秋葉の山へ付ける（安九・4・13）」と近在の百姓から芝を求め、翌、天明元年にも、「今日より清兵衛、蓮池側の草根を掘り、芝を付け（5・12）」、藤堂家の園中から「伝芝三十六粒（銀）分求め」、と積極的に植え付ける（5・27）。また、園内で増え、伸び広がった芝を、水分石辺や吟峨亭の山に植えさせる（天元・閏5・7、18）。その結果、数年のうちに、「夕照岡《ゆうひのおか》へ出しに、芝買い来り在り（天四・9・25）」と、園内の芝は売ることができるほどに増えていく。

草を焼く作業で気づかされるのは、草焼き作業の過程でたびたび、火の不始末や燃え広がりが問題になっていることである。芝生や草原に直接火をつけて、草を焼き払っていたらしい。まず、安永三年十一月十八日、蓮池の草を焼いて煙が上がると、「加賀館に板木聞こえ、早々撲滅、和泉境より火消し出、忽《たちまち》消鉦をうつ、火消し共散ず」と、煙を火事と間違えた隣の加賀屋敷で、火事を知らせる板木が鳴り始め、あわてて火を消したが、藤堂家からも火消しの出る騒ぎとなる。前年にも、田の側の刈った芒《すすき》へ火を付けるとはげしく燃えあがり、日雇の者が消す騒ぎがあった（安二・10・17）。そののちも、「妹背山芝を焼く、山本、はかまを焼く」と妹背山の芝を焼く作業に従事していた山本の袴に、火がつく（安五・12・7）。山本は、これまでにもたびたび名前の出てきた家臣で、躑躅の刈り込み中に鳧《けり》の巣をみつけたこともあるので、庭仕事には慣れていたはずであるが、風に煽られ火勢が急に強くなったのであろうか。その十日ばかり後に朧月坡《おぼろづきのおか》の草を焼いた時には、朝焼いた草の残り火が、松の根にあったと見えて、暮れ前に煙が出て消す騒ぎがあり（安五・12・20）、数年後にも、「蓮池、枯草を焼く、蔓延、漸々撲滅（安九・2・6）」と、燃え広がる火に手を焼く。

芝を焼く時の火の管理はむずかしかった。それでも、冬になれば、毎日のように芝を焼く作業は続けられる。下屋敷で暮らす年月が重なり、お隆が庭仕事に出る時間が増えていくと、冬の間の芝焼きは、お隆と一緒に園内で過ごすかけがえのない時間となる。

天明元年一月に信鴻が芝焼きに出た日数は七日であるが、そのうち六日はお隆と一緒である。まだ松が取れないうちから、信鴻はお隆とともに芝焼きに出る。芦辺山北の芝を焼き、午後には、秋葉右側の山の芝を焼いて、松露を六つばかり採る（1・5）。晴れてうらかな日が続く一日には、昼に、お隆と一緒に水分石の芝を焼き、暮れには信鴻一人で芦辺の芝を焼く（1・18）。その翌日も二人で園中に出るが、この日は、信鴻が太隠山北の芝を焼くそばで、お隆が凧を揚げる。この凧は、信鴻が前日上野参詣の折、お隆のために買ってきた凧である。この日の夕方、信鴻も妹背山の芝を焼きに出て、大きな八枚凧を揚げる。「快晴、春色熙々《きき》、昼甚だ暖」くなると、信鴻が座禅石の芝を焼くかたわらで、お隆が土筆を採る（1・24）。

正月から春先にかけての芝焼きにも、松露採りや土筆摘みなどの楽しみがあったが、もっとも楽しまれたのは凧揚げである。大田南畝が天明元年の『菊寿草』で「草双紙と凧が大人のものになったるもおかし」と述べるように、この頃、凧揚げが大人の遊びとして流行していた。

信鴻も、安永七年正月二日に家臣の三井に凧をもらったのをきっかけに、凧揚げに夢中になる。六枚張りや八枚張りの大きな凧を揚げ、園内の木に落ちて凧が破れる、あるいは強風に飛ばされ行方不明になるといった凧揚げをめぐる記事が、この年は二月半ばまで続くのだが、「園中芝を焼き、紙鳶《たこ》を揚げる（1・8）」、「帋鳶《たこ》を上げる、北風、よく揚がる、新墾田の枯草を焼く（2・7）」、「帋鳶を揚げ、水分石芝を焼く（2・10）」とあるように、芝焼きと凧揚げはセットである。

翌年も、「米社来る、米社と鳳巾《たこ》を揚げる、芝を焼く（安八・1・9）」と、訪ねてきた米社と凧揚げを楽しんで芝を焼き、「お隆同道、鳳巾を揚げる、土筆を取る、妹背山で芝を焼く（安八・1・20）」、「お隆と紙鳶あげ、芝を焼く（安八・1・21）」と、連日お隆と凧を揚げ、土筆を摘み、芝を焼く。やがて、孫の熊蔵が遊びに来るようになると、「日々終日、熊蔵、鳳巾を上げる」傍で、信鴻が芝を焼く日が続く（天三・1・23）。「日々地凍る、今日殊に甚だし、終日解けず」と記された寒さの厳しい日にも、凍てつく風の中で、昼には蓮池、夕には新墾田と、信鴻は草を焼く（安三・11・5）。風に煽られ、時に炎を高くしながら芝生の上を舐めるように広がっていく火の行方を追うことは、気を抜けない作業であると同時に、炎の動きに魅了される見飽きることのない眺めであったであろう。

火は、すべてを焼き尽くし、夏の間に生い茂った草の痕跡を消し去る。初茸の出る草むらに覆われた園内が、松露の出る芝生へと変化して行ったのは、夏の間は暑さの中で草を刈り、冬の間は寒さの中で草を焼く、この単純な作業を長年、日々繰り返した結果であった。芝焼きが終わると、春の到来である。焼け跡の黒い地面に、緑の点がぽつぽつと見え始めると、園の季節が一巡りする。

遊びの気分とその翳り

下屋敷の生活は、遊びの気分に満ちている。草刈りや芝焼きといった六義園での作業も常に、舟遊びや花火、凧揚げ、それに文芸の遊びと隣り合わせにある。園内の亭での饗応や俳諧・和歌の会も親しい者たちの間での格式張らない催しであり、信鴻が家臣や侍女たちと一緒に園で楽しむ機会も、多い。

安永六年二月、よく晴れて長閑な、土筆摘みに絶好の日の午後遅く、信鴻は、田楽を焼き菜飯とともに茅屋で屋敷の者たちに振る舞う。この振る舞いは、前年暮れに完成した茅屋の完成祝いであったと考えられる。参加者は奥御殿で働く者たち全員に、側近の穴沢や山本、俳諧宗匠の米叔、医師の仙宅、白堂と名を変えた龍華庵の義範、それにお隆と珠成である（安六・2・5）。日暮れも近づき、飲み食べ歌い踊りの賑やかな宴も終わりになろうとする頃、藤代で駆け競べが始まる。「藤代険阻を奔《はし》り昇《のぼ》り、又下るを、お隆等は山上、予は茅屋より見て興ず」と、珠成と家臣の根岸に侍女たちも加わる駆け競べを、信鴻は茶屋から、お隆たちは山の上に陣取り、大声で応援する。「山本も上り又下るとて、下より三丈計上より、蹶《つまず》き、転倒し、落ちる」と、山本が競走に加わり、中腹でつまずいて転がり落ち、頭を土だらけにしてしばらく動けなくなるというおまけもつく。「甚だ危し」と信鴻は記すが、ある程度の年配であるらしい山本が参戦するほどに、皆熱狂し、勝負に夢中になったのであろう。侍女たちは着物の裾をからげて、急坂を駆け上り駆け下りしたのだろうか。

藤代峠での駆け競べは大きな楽しみであったようで、この後もしばしば行われる。

安永九年七月十日　太隠山納涼、鳥・力・伊達吉・万吉、駆け競べ、山坂にて転倒。

天明二年七月五日　太隠山納涼、嶺にて蕎麦喫す、船津・万吉、山にて追い駆け競べする。

八日　太隠山納涼、伝芝を刈る、松悦・角、山頂より駆け競べ。松悦転倒。帷子《かたびら》大に汚れる故普段着遣わす。

と夕涼みに出た時、興がのれば駆け競べということになる。下屋敷では、侍女たちも活発だったと見え、侍女たち同士で、あるいは家臣と競い合う。衣服が泥まみれになるほどひどく転ぶ者もいるが、転ぶ危険があっても駆け上り駆け下りる速度を競い合う楽しさが勝っていた。歓声が聞こえてくるようである。

花盛りの春の夕べには、側に使えるものたちが花見を催し、田舎屋で遊ぶ（天三・3・13）。園中の紅葉がまっさかりの秋の日には、やはり田楽を焼き、「侍婢等・其外奥勤・寺沢・清兵衛にも」与える（安七・10・2）。「侍婢等」とあるところから、下働きの者を含め、奥御殿で働く者たち全員が紅葉を楽しんだと考えられる。庭師の清兵衛も招かれる。

吉保の時代にも、屋敷の者たちに吟花亭で花見が許されたことがあるが（『松蔭日記』）、信鴻のように、屋敷の者たちと一緒になって遊び騒ぐということはなかったようである。「古風松下に松葉を集め、中村、達磨《だるま》を造り置く（天元・5・30）」。家臣たちも庭仕事の合間に茶目っ気を発揮し、屋敷の遊びの雰囲気を高めていた。

年に二回ほど、芝居好きの信鴻の脚本で興行される歌舞伎芝居が、下屋敷に遊びの気分をもたらす最大の要因であったかもしれない。下屋敷には花道のある本格的な舞台が設けられており、それぞれに著名な役者名をもじった芸名を持つ家臣や侍女たちが舞台を務める。興行のたびに新たな演目が組まれ、夕方に始まった芝居は明け方まで、中一日置いて二晩、夜を徹して演じられる。見物人は主に下屋敷の長屋に住む家臣の家族で、嫁いだ娘たちや息子の室、上屋敷の者たちが見物に来ることもある。

安永四年五月に完成した舞台のこけら落としでは、六月二十四日と二十七日の二日間、四番続十一幕の『歌枕棣棠花合戦《うたまくらやまぶきかっせん》』が演じられた。この興行は、表御殿の新築祝いも兼ねていたので、特に力が入れられたのであろう。一ヵ月以上前の五月十二日に浄瑠璃の稽古が始まり、十八日に道具の準備が始まる。ついで、

五月二十六日　今日より立ち回りたてを付ける、今夜狂言言い合わせ。

二十七日　優猛《ゆうもう》のふりを付ける。

二十九日　子建、舞台道具絵かきに出る、夕方より立合、夜棣棠花合戦初段立合。

三十日　子建、今日も舞台絵に出る。

六月

一日　要不快ゆえ住《すみ》・岑《みね》（峰）、ひかえに役うけとる、立合。

二日　狂言の節の鏡台を買う、二段目立合、予は風気ゆゑ平臥。

四日　夜、初段立合。

八日　狂言衣装でき揃い、白髪惣髪《そうはつ》鬘《かつら》、練山せん（不明）綾縫出来る。

十一日　舞台道具悉く出来る。

と、セリフの言い合わせ、立ち回りの殺陣付け、振り付け、立稽古と、信鴻の指導のもとに芝居の稽古が行われ、途中で信鴻が風邪で稽古を休んだ時も、練習は休むことなく続けられる。体調を崩した者がいる時には、代役が立てられる。子建は家臣の高田郡太夫で、もっぱら道具類の彩色を受け持つ。「誠、宿より秀鶴の時平の髭《ひげ》借り来る、五十嵐に見せ、手本にして作らしむ（安四・8・23）」とあるところを見ると、衣装や小道具も下屋敷で作られたらしい。ちなみに、秀鶴は初代中村仲蔵のことで、仲蔵は信鴻が贔屓《ひいき》にする当時人気の役者である。その仲蔵の使用した髭を借りることのできる誠は、芝居関係者の娘であろう。

興行初日の二十四日には、表御殿の完成を祝う酒や魚が上屋敷や家臣たちから届き、屋敷は祝いの雰囲気につつまれる。夕方になると信鴻付の者の妻子が残らず訪れ、明け方まで芝居を見物する。二十七日には、「今日狂言につき所々へ文出し」、新堀《しんぼり》の母にも知らせ、米社とともに室のお富も招く。

安永九年、菊花壇の披露目の年の興行も賑やかであった。『本朝廿四孝』ほか四つの演目が演じられた十月十九日と二十二日の興行には、初日に娘のお浅と息子の米社が、二日目には、娘のお千重のほか数十人が見物に訪れる。上屋敷のお永からは煮染や焼飯、煮肉が届き、医師の松悦の妻は煮染や鹿子糯《かのこもち》を持参する。幕間には、これら数々の楽屋見舞いが見物人にも振る舞われたであろう。また、初日には富五番まで、二日目には富十番までのくじ引きも余興として行われ、景品には、庭見物に訪れた客にもらった紅粉《こうふん》（べにとおしろい）や糠袋《ぬかぶくろ》等の化粧品も出された（安九・10・17）。

役者も見物人も皆知り合いである。和気藹々とした雰囲気の中で、芝居を楽しみ、食べ飲み、幕間には福引で景品を手に入れる、まるで村祭で芝居を見るときのような、遊びの気分にあふれた催しの様子が目に浮かぶ。役を演じた屋敷の者たちは、興行が終わると、互いの労をねぎらい興行の成功を祝って、茅屋で田楽等を焼き、暮れまで園中に遊ぶ（安七・8・27）。

六本木の姉より、狂言衣装道具等が、長持ち一つに詰められて届いた年もあり（安六・5・8）、「七つ頃、田楽を焼かせ、やさ・やそ・筆、母を呼びに遣す、木俣《きまた》も出る、今度優猛の、唐冠をあつらえつくらしむ（安六・5・3）」と、侍女の母親たちに出楽を振る舞って、芝居に使う小道具作りを頼むこともある。吸龍・米社・珠成の三人の息子は、小道具の襖に富士の絵を描くし（安五・8・5）、米社は侍女や家臣たちの役者姿を錦絵にする（安八・11・23）。この芝居興行は、下屋敷の者たちだけでなく、信鴻の家族や使用人の家族を巻き込んで進められたのであり、本物の興行さながらに行われたのである。衣装の準備や芝居の練習などで、下屋敷には、常にどこか芝居小屋の雰囲気が漂っていたにちがいない。信鴻は下屋敷一座の座頭であり、屋敷の者たちは座員である。

一座の雰囲気ははなはだ自由であった。舞台の天井工事中、様子を見に訪れた信鴻の供の侍女の要が、階子《はしご》を上り天井へ行き、足がすくんで動けなくなると、すかさず、竹天井を作っていた折衛門たちが、「羊羹を賜わらばおろさん」と信鴻に要求し、信鴻から羊羹と豆粉糯《まめこもち》を手に入れる（安四・3・29）。完成間近の舞台では、女たちが「暮れまで騒ぎ遊」んで、舞台の完成を祝う（安四・5・5）。

下屋敷の者たちは機会あるごとに、自ら演じて楽しむ。もっとも、この時代には、三味線や踊りなどの芸事を身につけることが武家奉公に必要な条件の一つであったので、武家の屋敷内で遊芸を楽しむことは広く行われていたようであるから、駒込の下屋敷では特にその傾向が著しかった、ということになるのであろう。

奥御殿が完成した時には、その引越し祝いの席に側近の者たちも出て賑わい、「伴治の坐頭・文衛門の鳥さし・新衛門の狐つり・その外囃子・三絃・踊等ありて、更《ふけ》る迄あそぶ（安三・12・3）」。芸人を呼んで、当時はやりの寄せ芸を見ることもしばしばだが、芸人の八人芸を見た時には、芸が終わると米社がものまね芸を披露して、芸達者ぶりを見せる（安九・1・15）。

お隆の祝いの日には、俄《にわか》や茶番《ちゃばん》を演じて夜中過ぎまで賑わい（安九・2・19）、やはりお隆の心祝いの席に、日暮れより表と奥の者が残らず出て、茶番狂言数十番を演じ、信鴻も茶番の景品をいろいろもらう（天二・11・11）。滑稽な寸劇を演じて笑いを誘う茶番を演じる時には、その練習で前日から屋敷は笑いに包まれる。月見の夜にも毎年、奥勤めの者が皆集まり、踊りや滑稽な即興劇で賑わうのが常であった（天三・9・15）。

遊芸の雰囲気が屋敷内に深く根付き、しゃれや滑稽が日々の生活にも深く浸み込んでいたので、屋敷の者たちの間では、戯れに脅《おど》し、だまし、賭けにして、皆で笑うことがごく普通に行われた。

まず、信鴻が率先して、いたずらで、周りの者をよく「だます」。

痩せたいという願望は当時の若い女性にも強かったと見えて、侍女の扇橋《せんきつ》に、痩せる練り薬があるので遣《や》ろうと詐《いつわり》をいったところ、薬の存在を信じた扇橋が、「日々請うゆえ、今日偽薬こしらえつかわす（安四・11・22）」。奈良の名産霙《みぞれ》酒を、侍女たちが近臣の者たちと賑やかに奪い合っているのを見て、翌日、彼女たちが隠し置いた霙酒に、信鴻は「辛《から》き酒を入れ替え置き、だます（天元・12・13）」。侍女に眉を描いて顔を変えさせ、目見え《まみえ》に来た者のようにして奥の者を騙してもいる（安五・7・1）。いたずらに加担する者たちは固唾を飲んで経過を見守り、首尾よく相手が騙されたときには、騙された者も一緒になりその場に笑いが弾けたであろう。

家臣もまたこの遊戯に参加する。春の一日、園内で蒲公英《たんぽぽ》を摘み、桜の剪定を行っている時、「高田・木俣に岑・さよをだまさせ、迷わせる（安八・3・2）」。どのように騙し、迷わせたのかは不明だが、信鴻のちょっとしたいたずらの企てに家臣が乗り、庭が笑いの場となったことは間違いない。「化け物をつくり、りのを威《おど》す（安七・8・2）」、「船津化け物になり、鳥を脅す（天元・8・18）」と、異形の者の姿で侍女を怖がらせることもある。

賭けの対象となるのも、日常生活上のささいなことである。

焼いた鮭の頭を瘧《おこり》の妙薬だと山本がお隆に勧めた時には、この効き目を侍女の住、谷、誠、それに山本と賭けにし、効き目を疑った信鴻が負けて、杉の杖を山本に与える（安三・7・20）。雨にもかかわらず茸採りに行く侍女たちに、今日は採れないとする信鴻と、採れるか採れないかを賭けにして出かけた侍女たちに、この時も負けた信鴻が蕎麦を出す（安七・8・7）。雪が降るか降らないかを侍女の誠と賭けて、浮洲煙管《うきすきせる》二つを手に入れた信鴻は、負けた時のために準備した煙草入れ袋を誠に与えて「大いに笑う（安四・1・18）」。天気はよく賭けの対象になるようで、天気のことを家臣の渡辺、小沢と賭けにして負けた侍女のみよが、蕎麦を出し（天元・4・12）、雨が降るか降らないかをお隆と谷の二人を相手に賭けにして、信鴻が二人に豆腐を出させる（天二・7・12）。遠目に園内を歩く侍女が誰であるかを賭けて、負けた侍女が田楽を出したこともある（天元・4・11）。下屋敷の生活では、「大いに笑う」機会を、信鴻もそこで働く者たちもさまざまに作り出していた。

遊芸好きで市井の生活に興味を持つ信鴻の性向と、隠居所という社会の第一線を退いた者の住まいであることが、下屋敷でのこの遊びの生活を可能にしたのはもちろんである。だが、芝居興行の影響も見逃せない。下屋敷の者たちの多くが舞台の上で、常に、現実生活とは異なる役を演じている。この芝居を演じる感覚が日常生活にも及び、現実社会の役割や身分を幾分か離れて、下屋敷での生活を遊ぶことができたとも言える。信鴻を含めた下屋敷の者たちの間には、一つの舞台をつくりあげる過程で身分を超えた連帯が生まれ、芝居を構成する一員として互いを認め合うなかで、厳格な武家屋敷の規範を離れた自由の感覚が育まれることがあったのかもしれない。さらに、俳号をもつ家臣たちとは歌仙を巻く仲間でもあり、園芸の趣味を同じくする屋敷の者も多い。下屋敷には、遊びを通じたつながりがいくつもあった。

時代の雰囲気もみのがせない。信鴻が下屋敷に暮らした安永・天明の頃は、田沼意次が幕閣で権勢をふるった時代である。柳沢家も田沼とまったく無関係ではいられなかったようで、田沼に贈るために米徳が、信鴻のもとに南京染付水指をもらいに来ている（安八・11・14）。この時代は、重商主義政策の下、商品経済が発展し、江戸の都市文化が大きく花開く。消費生活がいっそう進み、浅草や上野、向島といった盛り場に料理屋ができて客で賑わうようになったのもこの頃からである。下屋敷近くの飛鳥山や王子も、郊外の遊覧に訪れる人びとが増えていく。

時代の気分は、華やかで、進取の気性にあふれ、社会は自由な雰囲気に満ちていた。もっとも、大和郡山藩では、信鴻の致仕以降、安永・天明・寛政にわたる二十年間が災害の最も多い時期であったとされる。安永四年の干ばつは安永六年の郡山米騒動をもたらし、天明初年の凶作は、多数の飢人を出し、五百人に救い米を出すことになる。しかし、このような藩の窮状は、日記にはあらわれない。

信鴻にも藩の情勢は逐一報告され、災害には大きく心を痛めたにちがいない。しかし、日記の基調にあるのは、あくまでも、賑やかで楽しげな遊びの気分である。宴遊の名の通り、信鴻は、隠居後の生活の場を俗世間から距離をおいた遊びの場として構想し、生活し、その生活を日記のうちに作り出したと言える。

ただ一つ、この遊びの気分とは異なる出来事として特筆されるのは、下屋敷に賊が侵入し、田舎茶屋に潜んだことである。天明三年八月、侍女が起居する長局《ながつぼね》で物が失せ、警戒していたところに、庭係の和助が、田舎茶屋に人の寝た気配があると報告して、不審者の侵入が判明する。前日の夜園内を巡回した時に、筍小屋に手ぬぐいや笠などが捨てられていたとも話す（8・8）。そこで信鴻は、田舎茶屋の吟味と長局の不寝番をいいつける。すると、その夜、長局に怪しい者が入ったとの知らせがあり、鑓《やり》や十手を手にした側近が探索して男を見つけるが、逃げられる。茶屋の吟味に出かけた源助、政衛門、定八の三人は大男の賊が臥しているのを見つけ、刀を手に逃げる賊に棒で打ちかかり手傷を負わせるが、賊は池に飛び込み、三人は賊を見失う。逃げた賊が塀を越そうとするのを、山番の者が見つけて咎めるが、丸腰だったので取り押さえることができない。賊は塀をこえて逃げてしまった。

この夜、信鴻は、お隆とともに表御殿に出て指揮をとり、側仕えの者たちは一晩中園中を探す騒ぎとなる。翌日、信鴻とお隆が捕り物の跡を見に行っていることから察するに、田舎茶屋では大立ち回りが演じられたのであろう。上屋敷より小人目付け二人と与力六人が派遣されて、その夜も、二十人ほどで園中を巡り賊を捜す。その後も上屋敷から交代で人が遣わされて、一ヵ月以上、警護の日々が続くのである。

広大な下屋敷の庭は人気もなく、茶屋が侵入者の隠れ家にかっこうの場所であったことは事実だが、この賊の侵入には、当時の江戸のありさまが大きく影響していると考えられる。前年の天明二年には西国が大凶作となり打ち壊しも起きていたのが、この年は江戸でも春から雨が多かったことに加え、七月の浅間山の大噴火で世情がいっそう不穏となっていた。浅間山噴火の後の江戸市中の惨状を、「この二、三、四年気候あしく、五穀の実りよからぬ上に、この秋の大変にて、米値甚だ騰踊《とうよう》し、四民の困窮大方ならず。来る年の秋までには、雑穀までも尽き果て、人びと飢えに及ぶべしと、浮説さまざまなりしにより、都下の四民恐れをなし、安き心はなかりし也」と、杉田玄白は『後見草《のちみぐさ》』で述べる。侵入した賊も、増加しつつある困窮者の一人ではなかったか。

この不穏な世情のなか、翌天明四年三月、田沼意次の息子・意知《おきとも》が佐野善左衛門により殺傷される。このニュースは翌日には信鴻のもとに届き（3・25）、四月になると、田沼の葬儀や佐野の切腹のうわさが流れる。この事件は、遊歩の途中に田沼の墓所・勝林寺に足を運び、西浅草の佐野氏の菩提寺を訪れるほど、信鴻にとっても、衝撃的な出来事であった。この事件を契機に田沼の権勢は衰え始め、天明六年の将軍・家治の死去とともに失脚する。時代の流れは、変わりつつあった。

天明三年に六十歳となる信鴻の身にも、変化が訪れる。この年十月二十九日、信鴻は誕生日を数十人の見物人とともに茶番狂言で賑やかに祝うのだが、その三日後、六本木の姉が亡くなる（11・3）。特に交わりが密であったこの三歳上の姉の死は、信鴻をずいぶん落胆させたことであろう。姉の死との関係は不明であるが、信鴻はひと月後、名を香山《こうざん》と改める（12・15）。

ついで、翌天明四年の春、信鴻の還暦を祝う正式な宴が盛大に催されて、人生の大きな区切りとなる（天四・3・29）。祝いの行事は大掛かりで、宴の二日前から「親族・其外出入りの者へ」赤飯を日々配り、前日には、娘・妙仙院の嫁ぎ先である久居藩（津の支藩）から家老が祝いに訪れ、庭を見物して帰る。諸方より祝いの品々が届く。当日も、家族、親戚、家老や年寄りを始めとする家臣や下屋敷で働く者、出入りの町人たちなど大勢から数々の祝いの品をもらい、宴では、息子や家臣が囃子を舞い、信鴻も芦刈を舞う。この日の日記に、息子たちの名が、俳号ではなく実名で記されていることに、この宴の儀礼的な性格が示されている。

さらに天明五年には、九月にお隆が急死する。そして十二月、信鴻は剃髪《ていはつ》する。遊びの気分に満ちた宴遊の時代は終わりに近づいていた。六義園への賊の侵入は、その前触れであったのである。

三　庭のめぐみを頒かち合う

産み出す庭

六義園の広い庭は、自然のめぐみに満ちていた。数ある園の収穫物のうち、採れる量が桁外れに多く、その採取に屋敷の者たちがもっとも熱中したのは、土筆《つくし》である。安永五年二月の日記は、

　二月　七日　お隆同道、土筆を摘む事、山の如し。
　　　　十日　お隆同道、土筆・春草を摘む、医者共も出る、土筆山の如し、夕方又摘む。
　　　十三日　昼、お隆と園中土筆を取る、土筆山の如し（略）夕方また土筆を取る。

と、山のように採れる土筆摘みのおもしろさに夢中になり、日に何度も土筆摘みに出る、お隆と信鴻の姿を伝える。

何と言っても土筆は大量に出る。それも、「昼土筆を取る、日々蔟々可掬《ぞくぞくすくうべし》（安九・2・20）」、「園中土筆を取る、刈る如し（天元・3・5）」と、来る日も来る日もぞくぞくと顔を出し、びっしりと生える。その土筆を、屋敷の者たちは、すくい取り、刈り取るように採るのである。

享和三年（一八〇三）版の『増補江戸年中行事』は、桜に続けて「野がけ摘草」を三月

の行楽にあげ、三囲《みめぐり》堤《つつみ》や道灌山など、墨田堤沿いから日暮里にかけて八ヵ所の名所を列挙する。江戸の住人にとって摘み草は、花見とともに春の主要な行楽であった。信鴻もよく、屋敷近くの田の畦や空き地に、嫁菜《よめな》や芹《せり》を摘みに出るのだが、土筆摘みは園内だけの楽しみである。

土筆は、陽当たりの良い土手の斜面や、水はけの良い休耕畑によく生える。六義園では、「杉菜山の草を刈る（安5・8・11）」、「太隠山・大山の杉菜を刈る（安9・5・27）」、「土筆山南へ、清兵衛、去年の差芽《さしめ》の躑躅《つつじ》を植える（天元・5・4）」と、土筆山・杉菜山とよぶほどに土筆に覆われる築山が存在し、太隠山にも、刈りとるほど杉菜が群生した。藪の蕨《わらび》や薇《ぜんまい》に筍、代用茶に使われる五加《うこぎ》や枸杞《くこ》に忍冬《すいかずら》、秋になると一日に何升も拾う栗や、百本近くとれる初茸《はったけ》などを私たちは知っている。六義園は、自然の産物を産み出す庭でもあった。

土筆をはじめとする園の収穫物は、たびたび先祖の霊に供えられる。安永五年二月六日、信鴻は七つ過ぎより園中へ出て土筆を採り、龍華庵に行き暮れ過ぎに帰る。龍華庵では、「土筆を御霊前に上る」。土筆以外にも、「初めて藪の筍を取る、御霊前へ備え、六本木へ上る（安七・5・25）」、「初めて畑の茄子《なす》を取る、御霊前へ備える（安八・5・28）」、あるいは、「栗を御霊前へ上る（安五・8・4）」と、筍や茄子、栗が供えられる。また、「藪の筍を月桂寺御霊前へ奉り、お永へも遣わす（安六・5・11）」、「園中茄子、月桂寺御霊前へ奉る（安七・閏7・9）」と、菩提寺の月桂寺に供えられることもある。供えられるのは季節の最初の収穫物に限らないようであるが、御霊前に供えられた土筆や茄子は、「初穂」に当たると考えられる。

その年初めて獲れた農産物を初穂とし、神仏に供えることは、収穫を神仏に感謝し、さらなる稔りを願うことである。とするならば、六義園で採れる土筆や筍は、茄子などの畑の収穫物と同様に祖霊の加護のもとで産み出される、言い換えるならば、聖なる力がもたらした自然のめぐみであることになる。園の産物の豊富さは、先祖の霊によりもたらされた自然のめぐみの豊かさであり、その豊かさに感謝し、その豊かさの存続を願って、収穫物が御霊前に供えられるのである。自然に生育する園内の土筆や筍は、収穫を目的に栽培される畑の作物以上に、自然のめぐみの意味合いを強くもっていたであろう。

龍華庵御霊前に筍を供えた日に六本木の姉に筍を届け、月桂寺御霊前に筍を供えた日には上屋敷のお永に筍を届ける。このことには、園の収穫物が、祖霊の加護のもとに産み出された土地のめぐみであることを彼女たちに伝え、ともに祝う信鴻の意思があったのではないか。季節になると、園の収穫物が、新堀の母、養子に行った息子の啜龍《てつりゅう》や米社、六本木の姉に弟の米々、それに妹や他家に嫁いだ娘たちといった親族に、必ず届けられる。いずれも、信鴻の庇護のもとにあり、個人的で親密な間柄にある者たちである。そこに、家族の親密さのあらわれをみることができるのだが、それ以上に、柳沢家の土地に育った収穫物を共有し、収穫物を通じて祖霊の庇護のもとにある家のつながりを確認し、強める働きが期待されていたのではないかと考えられる。

園内吹上湊の白藤が六月に咲いた時、米社にこの花を贈るが、米社からの返事には、

父君より水無月十一日に、園の藤の咲きたるを氏の花也とて贈り給わりければ

時しらで夏咲出る藤が枝のはなを春日の恵みとぞみむ

と、藤の開花を春日の神のめぐみとする歌が添えられていた（天三・6・11）。米社の養家六角氏は藤原氏を本姓とし、藤は藤原氏を象徴する花だと考えられてきた。季節外れの藤の開花に、藤原氏の氏神である春日の顕現を見て、信鴻は米社にこの花を贈ったのである。春日の神が六義園で神意を顕現させたことは、六角家の養子となった後も、米社が柳沢氏の庇護のもとにあることの証である。

園のめぐみの配り方

親しい人から順番に

安永五年の春、土筆《つくし》のシーズンは一ヵ月続いた。一月十七日に土筆と蕗薹《ふきのとう》、それに野蒜《のびる》を摘んでシーズンが始まるのだが、その最盛期のありさまを少し覗いてみよう。

一月二十八日　七つ過ぎ園中の土筆・野韭《のびる》をとる、（略）直に庵へ立ち寄り、暮頃かえる。

二十九日　銀鵞へ手紙にて園中の土筆遣わす。
園中の春色、安達原の姥が閨《ねや》にはあらね共
春雨や土筆のかしら蕨の手

二月　一日　蒲公英《たんぽぽ》を摘む、（略）紘水より使に瀧尾来る（略）夕に、園中土筆・春草を摘む。お隆も瀧尾召し連れ出る。

二日　土筆を手紙にて菊貫へつかわす（略）お隆同道、七つ前より土筆・蒲公を摘む（略）此頃園中梅満開。

三日　太素へ手紙、土筆つかわす。
午後遅く、梅の香の漂う園中に出て、土筆や春草を摘み、龍華庵に参詣して日暮れに帰宅するのがこの時期の日課である。輿に乗れば、朝、昼、夕と一日のうち何度も、土筆摘みに出る。客があれば、客を誘う。

採った土筆は、園中の産として、採るたびに誰かに届けられる。屋敷内だけでは食べきれないほど採れるのが、第一の理由である。

安永五年春の土筆は、まず銀鵞（播磨姫路藩主・酒井忠以《ただざね》）へ春の句を添えて、ついで、菊貫（信濃松代藩主・真田幸弘）と太素《たいそ》（摂津麻田藩隠居・青木一新《かずよし》）に手紙で贈る。翌日には蒲公英の漬物を新堀の母に、土筆を六本木の姉に届け、二日後には珠来、米叔、菊堂の俳諧宗匠三人に届ける。珠来と米叔へは、二段の重箱の一段に土筆を、残りの一段にあわびを入れて句を添える。土筆を届けるにも、作法があった。同じ日に上屋敷のお永にも土筆を、数日後に啜龍と米社に土筆の漬物を届ける。また、宿下がりする谷にも、土筆を土産として持たせる。こののちも二月いっぱい、土筆は、妹の翠松院、お永の父・上野高崎藩主・松平輝高の室、贔屓の歌舞伎役者・中村仲蔵、懇意にしている遊芸師匠・中村中、芝居茶屋の猿屋と松屋、そのほかの俳諧宗匠に届けられ、最後には、側近く仕える家臣三人、藤田・小枝・新井に与えられて、信鴻の親しい人びとや屋敷で働く者たちの間に、六義園で採れた土筆が広がっていく。このシーズンに土筆を贈られたのは四十人近くに上る。

贈り先も贈る量も土筆が際立って多いが、栗と初茸《はったけ》も多くの人びとに贈られる。栗や茸のシーズンには、土筆と同様、採取と採取した品を贈ることに明け暮れる日々が続く。土筆・栗・初茸以外にも、春には蒲公英や嫁菜、夏には筍や茄子、秋にはむかごや芋、冬には葱や大根と、年間を通じて、園の収穫物が多くの人びとに贈られる（表❶）。

園の収穫物の贈与は、安永五年から増え始め、安永九年に最も多くなる。安永五年は、移転以来続いた住居の建築工事が終わり、下屋敷での生活が軌道に乗った年である。この年の年間を通じた収穫物の贈与先は百件以上に上り、前年の三十件余りから大幅に増加する。物のやりとりに日常性が戻ったこともあるだろうし、六義園の手入れが進み、収穫物が増えてきたこともあるかもしれない。

収穫物の贈与は収量と深く結びついている。収量によって贈与する相手の範囲も、量も、回数も決まってくる。安永九年の贈与件数は百六十件に達するのだが、年の経過とともに贈与件数が増加することは、年数を重ねることで、庭が豊かになってきていることの証である。

安永九年の贈与の相手は安永五年の春とほぼ同じで、息子や娘、姉や妹といった親族、俳諧仲間の大名、俳諧宗匠や芝居関係者といった知己、それに家臣や侍女とその家族である。親族では、家庭を持った四人の息子とともに、嫁に行った娘や六本木の姉、妹の翠松院にたびたび届けられていることが目に付く。米徳の室・お永や吸龍の室・お蝶にも届けられる。また、年とともに俳諧仲間の大名たちの数が増える。銀鵞や菊貫のほかには、汝章（会津藩分家当主・松平容章）、皐禽《こうきん》（伊予松山藩主・松平定国）、公菜（常陸宍戸藩主・松

月	産物	親族	大名	知己	家臣・侍女等
1	土筆				
2	土筆	上邸・啜龍・米社 六本木・千重・浅	銀鵞・公菜 清秋・杜陵	珠来・冬映・夕庵 画鏡・栄屋・猿屋 塩・成慶院	滝・山寺・松悦 鞍岡等・角・鳥・俊・亭 いよ・ませ・房・妙三 いさ姑・松悦妻
	春草		銀鵞・清秋		
	分葱	六本木			
3	土筆			平洲・菊堂・秀国 保牛・在転・夕庵 笠志・大和屋 仙石屋	仙宅・ほの・りお 俊・沖津
	春草	六本木・啜龍・永 蝶・浅	銀鵞・公菜 佐々木日向守妻		
	園中花		公菜		
4	春草	六本木・米社			
5	筍	上邸・六本木・米社 翠松院・妙仙院	銀鵞・公菜・素貫 清秋・汝章	珠来・冬映・春禅 成慶院・栄屋・猿屋	山寺・今井・谷 幾浦・岩野・りの
	木耳	智光院・浅・藤			
6	筍		菊貫	菊堂・保牛・雪渓・塩	
	茄子	上邸・六本木・ 翠松院・千重		塩・成慶院	幾浦
7	茄子		公菜・清秋	秀鶴	妙三
	むかご	千重	公菜・清秋		
	茗荷		銀鵞・公菜・清秋		
	芋			秀鶴	
	蜀黍	千重			
8	栗	上邸・六本木	銀鵞・公菜・杜陵	岱翁・是業 栄屋・猿屋	
	茄子			春	
	むかご	六本木・珠成	銀鵞		
	茗荷	六本木			
	芋	翠松院		春	
	畑の物				幾浦
9	栗	米社・啜龍 珠成・妙仙院	清秋・汝章	珠来・冬映・米叔 在転・保牛・菊堂 和水・寿翁・栄屋 玄杏・金兵衛	新井・穴沢・横地・川口 松悦・町・八百・真・関 谷宿・上総せの
	茸	上邸・六本木	銀鵞・公菜	栄屋・浜瀬屋	
	大根	秀		栄屋	
	芋			玄杏	真
10	土筆	米社・千重	公菜・汝章・皐禽	保牛	
	芋			成慶院	
	松露	六本木			
11	芋	千重			
12	葱	六本木			
	大根	翠松院・六角			

表❶ 園の産物と贈る相手（安永9［1780］年）

平頼救《よりすけ》)、清秋(伊勢神戸藩・隠居・本多忠永)、それに杜陵(酒井抱一)といった人たちである。俳諧を趣味とする大名との付き合いは多く、日記にも彼らの名がたびたび出てくるが、園中の産がひんぱんに贈られるのは以上の人びとであり、園の収穫物を贈られる人びとは、特に親しい間柄ということになる。知己は、俳諧仲間と芝居関係者が主である。芝居の関係では、芝居茶屋の猿屋と栄屋、森田屋のおかみとおぼしい塩、役者の秀鶴(中村仲蔵)と是業(坂東三津五郎)の名が見える。その他にも料理屋の仙石屋や、下屋敷をたびたび訪れる医師の玄杏と高野寺の成慶院といったさまざまな人びとに、園の収穫物は贈られる。

贈る順番にはとくに決まりはないようだが、おのずと、関係の密なものからということになる。それをあらわすように、親族では、六本木の姉にまず贈られる事が多く、回数も贈られる物の種類も多い。大名では、銀鷲が筆頭である。通常は、その季節に一回限りが多い中で、この二人には、同じ物が日をおかず何度も贈られることも珍しくない。親しさの度合いが、贈る順番や回数にあらわれる。

来信と来訪にことよせる

収穫の季節に届いた手紙には返信に添えて、来訪者には土産に、園の産物が贈られる。「昨日住より文来る、園中の笋《たけのこ》つかわす(安五・5・7)」と、退職した侍女からの来信を理由に筍を贈り、「米社より手紙、発句直しに来る、即答、畑の茄子つかわす（安五・5・28）」と、添削した句に添えて茄子を米社に贈る。「初茸百茎計取る（略）銀鷲より手紙にて発句添削に来る、則直し、初茸も返書に遣す（安五・9・22）」、「銀鷲より手紙、句来る、則添削、土筆そえ返書遣す（安六・2・20）」、あるいは、「皐禽より百韻、手紙にて来る、即点即答、土筆つかわす（安九・10・12）」と、句の添削や採点依頼の返事に園の産物が添えられることは多い。珠成の養子口の書付送付という米社からの事務的な手紙の返事にも、土筆が添えられる（安九・2・26）。便りの内容にかかわらず、来信が相手の存在を想起させ、贈与を促すといえる。

来訪も贈与のよいきっかけである。安永五年二月に弟の米々が所用で下屋敷を訪れた時には、お隆も一緒に土筆摘みを楽しみ、帰りには採った土筆を土産にする。米徳が訪ねて来た時も、「はつ茸を米徳土産に遣す（安六・9・17）」。

安永九年二月には、

　六日　七つ頃、友庵帰る、土筆つかわす。
　十日　八つ前、春禅来る、八つ過ぎ逢う、七つ半頃帰る、土筆・嫁菜《よめな》遣す。
二十日　米叔帰る、珠来、画鏡へ遣わす土筆を属し遣わす（略）妙三《みようさん》、お千重へ行くゆえ土筆属し遣す。

と来訪者が辞去するたびに、土筆を土産に与える。その後も、侍女いさの姑、退職した侍女の妙三や俊、高野寺の成慶院、息子の啜龍と、月末まで来客に土筆を持たせる日が続く。俳諧宗匠の珠来と画鏡へ贈る土筆を米叔に、下谷三味線堀に住む娘・お千重への土筆を妙三に託したように、訪問者に依頼して別の人物へ収穫物を届ける場合もしばしば見受けられる。なお、妙三は、母付きの老女で、剃髪したあとも、下屋敷に出入りしている。二月には、木挽町の医師のもとに治療におもむく侍女に依頼して猿屋へ土筆を届けている（2・26）。筍の季節には筍が、栗の季節には栗が、同じように土産にされる。

訪問者は手土産を持参する場合が多いので、その返礼、あるいは訪問に対する礼の意味合いも含まれていると考えられるが、手土産なしの場合にも土筆を持たせることは多い。この時期、土筆は山のように採れるので、豊富にある収穫物を訪れた者たちと頒かち合い、収穫をともに祝う意味合いもあるかもしれない。土筆をめぐる話題でその場が賑わうことにもなるだろう。収穫物の多さは、何より、六義園の豊穣さのあかしであり、土産の多さは信鴻の気前の良さのあらわれである。

手紙が届く、客が来る、あるいは、相手方へのなんらかのついでが生じるといった他律的な理由で、園の収穫物が贈られることは、来信や来訪が潜在的な贈与の意思を顕在化させると見ることもできる。信鴻は、大量の土筆や筍を目の前に、贈与の相手の出現を待ち望んでいる。しかしながら、来信や来訪はあらかじめ決められていたものではなく、また、すべての来信や来訪に対して土筆や栗が贈られるわけでもない。したがって、園中の産の贈与は、偶然性と恣意性のもとにある。園の産物は、日常的に親しく接する人びとに、相手との関係と収穫物の多少を考慮して、贈与する側の裁量で贈られる。この自由度の高さにおいて、園の産物の贈与は、年中行事や通過儀礼にともなってなされる贈与とは性格を異にする。

移りにする

信鴻の周囲では、菓子や野菜、魚など食べ物のやり取りが頻繁に行われる。やり取りに使われた重箱や籠を返す時、お礼のしるしの品を容器に入れて返すのが当時のしきたりであり、その品は「お移り」、あるいは単に「移り」と呼ばれる。この移りに園の産物がしばしば使われる。八丁堀伊丹屋より海鮮をもらい「返事に土筆つかわす（安五・2・19）」、銀鷺より手紙に添え、菊花、芋、初鮭と名月の句の刷物をもらい、返書に、名月の句の短冊刷物と園中の椎を添える（安五・8・15）といった具合である。

園の産物の増加とともに、産物を移りに使う回数も増える。安永九年には、まず、素貫（島原藩主・松平忠馮《ただより》の兄・忠邦）より届いた「上巳《じょうし》之作」に、「即答、土筆を遣す（3・3）」。太素よりの甘糯《あまもち》の移りに蒲公英（3・25）、公菜からの延命酒と園中の枇杷《びわ》には筍（5・28）、お千重からの芋と干鯵《ほしあじ》に海鮮と畠物を遣わす（8・11）。秋になると、お永からの葛饅頭に栗（8・19）、娘の妙仙院より届いた饅頭の移りに栗が使われ（9・15）、六本木の姉より小田原樅箍《もみたけ》をもらった時には、「返事に畠の冬瓜《とうがん》上げる（9・21）」。食べ物への返礼がほとんどだが、桃の節句に贈られた漢詩に対する返礼もある。また、このやり取りが、信鴻とごく親しい人たちの間で行われていることにも気づく。

出先で借りた容器を返す時にも、園の産物が使われる。「湯島伊勢屋へ昨日の桶返すにつき、畠の芋つかわす（安九・8・26）」。これは、前日の湯島参詣のおり、穴沢に金魚を買わせようとして、懇意にしている茶屋の伊勢屋で桶を借りた礼である。この日下屋敷では椎の実一升、栗一升七合を収穫したが、移りに使われたのは芋であった。浅草参詣に出かけた時、食事をした真崎稲荷門前の仙石屋で田楽や漬物などをもらい、店の田楽箱に入れて持ち帰ったことがあるが、翌日借りた器に入れられたのは葛と栗である（安七・8・20）。仙石屋には、茶を遣わし移りに松露をもらった時、「その籠へ土筆を入れ（安九・3・8）」返してもいる。上屋敷から届いた提げ重に栗・芋・茄子を入れて返したこともある（安六・8・21）。

銀鶩から名月の句をもらい椎を移りにした日には、公菜からも川魚一籠と隅田川酒一樽が届く。だが公菜への返事に添えられたのは在転一評五吟下草と名月の刷物のみで、椎は含まれていない。公菜とは俳諧の付き合いが密で、しばしば園の産物を贈る仲である。しかし、この日返礼としての椎は銀鶩にのみ贈られた。園の産物は、移りとしてかっこうの品であった。だが、収穫物を贈る基準は、相手や場合に応じてさまざまであったことになる。

移りは、贈り物に対する象徴的返済で、ありあわせのものが使われるとされる。[*15]とするならば、移りに、園の産物が用いられることは、収穫物が手近にある、ありあわせのものであると考えられていたことになろう。

所望に答える

信鴻の家族や友人たちは園の産物を所望する。安永五年に見ると、三月に米社にねだられて野韭を贈り、八月には啜龍が焼米の移りに栗を、十月には銀鷲が土筆をねだる。この年は十月に土筆が出ており、銀鷲にはすでに一度土筆を贈っていたのだが、銀鷲は、発句の添削を依頼する手紙とともに竹籠をよこして土筆を所望する。手紙の届いた日は一日中雨の降りつづく寒い日であったので、信鴻は「雨上らば参らせん由」返事をしたのだが、やはり気になったと見え、「辻・いよ・たか・通・常、雨中土筆を取る、今夜手紙を書き明日銀鷲へ遣す（安五・10・20）」と、雨の中、侍女たちにわざわざ土筆を採らせて届ける。この二週間ほどのちにも、「銀鷲より手紙、書写山の塩松菰もらう、啜龍への点取の巻頼み来る、土筆又々ねだり申し来り、即答」と、ねだられてまた土筆を贈る。銀鷲はたびたび土筆を所望したようで、天明三年二月にも、手製の甘糯《あまもち》の「移りに土筆ねだらる（2・28）」。銀鷲へはこの月すでに二度土筆を贈っている。銀鷲は土筆に目がなかったと見える。

もっとも、土筆は人気があり、銀鵞に限らず所望する者は多い。天明三年には十二月に「公菜、庭の土筆ねだり故、今日とらせ明日出す（12・25）」と公菜からも土筆を所望される。公菜には以前にも「公菜より手紙、黄菊花貰う、土筆ねだり申し来り、袴取居たる故直に遣わし即答、移りに水菜も遣す（安八・10・2）」と、土筆をねだられている。水菜を菊の移りにしているところを見ると、ねだられて贈る品は移りとは別物と考えられていたことになる。

「秀国、亀岱《きたい》より土筆請う（安六・2・17）」と、俳諧仲間も土筆を請い来る。安永七年二月には、「保栄へ手紙書き、土筆添え明日遣す（2・21）」とこちらも俳諧仲間の保栄に土筆を贈るが、数日後「保栄よりねだり申し来り、明日また土筆を遣わす」と、保栄の所望でまた土筆を贈る。

「つくしほど食うてうまきはなくつくしとりほどして面白きはなし」と、近代になっても、土筆は食べるのも摘むのも楽しみな春の味であったことを、正岡子規は述べる。*16 信鴻の時代にも、土筆は、所望して何度でも食べたい季節の味覚であったのである。

もちろん、園の産物をもっとも多く所望するのは息子たちである。彼らは、土筆や栗のほかにもさまざまな収穫物をねだり来る。安永九年には啜龍とお蝶より嫁菜、米徳より藪の筍、啜龍と珠成より栗と、息子たちからの所望が記される。お隆のもとに啜龍とお蝶から嫁菜をねだる手紙がきた時には、「内の畑にてつみ、返事に遣わす（安九・3・13）」と、わざわざ畑で摘んで届ける。この頃、信鴻はお隆とともに、西ヶ原や田端のあたりにたびたび摘み草に出て、採った芹や嫁菜を六本木やお永、お浅などに届けているので、これは、そのことを聞きつけた啜龍とお蝶の嫁菜所望であったのかもしれない。また、六本木からの園の産物に対する所望も多いが、それは「六本木より葱御ねだり今日上る（安七・9・6）」と、茄子や葱、蕪などの野菜であることが多い。大和郡山の種で育てた蕪や芋を、信鴻がこの姉にたびたび届けていることは、すでに見た。六本木の姉は、実家の味を求めて、たびたび所望するのである。

所望の多さは、園の産物が魅力的であることのあらわれである。特に土筆は、他ではなかなか手に入らない、六義園ならではの産物であった。収穫物の所望には、所望が許される親密さが根底にある。所望の品が手元にない場合は、わざわざ採取して望みを叶える労をいとわない、あるいは、その労を許容しあえる間柄であることを互いに承知している。園の産物をねだることのできるのは親しい者だけの特権であり、親しさの確認でもある。

依頼に添える

「六本木より饅頭くださる、含薬又々請い来るに付き、薬上る（安六・5・15）」と、六本木の姉は、饅頭を贈って薬を所望する。銀鷲が甘糯の移りに土筆をねだっていたように、依頼に添える品には、前もっての返礼の意味合いがある。信鴻も何かを頼む時、しばしば園の収穫物を贈る。

収穫物を贈る相手も、依頼のおもむきもさまざまである。

銀鵞の好物の土筆を贈り、甘糯をねだる（安六・2・3）、六本木の姉に蒲公英の漬物を贈って煙管をねだる（安七・9・28）。望みの品を指定した依頼には、贈る品との交換の意味合いが認められる。侍女三人が採った土筆を銀鵞に贈って褒美をねだり（安七・9・25）、翌日届いた烟袋《たばこぶくろ》と楊枝差《ようじさ》し四つが侍女たちに分け与えられたのは、対物を指定しない交換とみることができる。この数日前に彼女たちは銀鵞の忘れていった烟袋を景品にくじ引きで遊んでいる。くじに外れた侍女たちが追加の景品を手に入れるために、土筆好きの銀鵞に土筆を贈ったのである。そこに、信鴻の示唆があったことは、当然考えられる。遊びをまじえた軽い気持ちで、親しいものから所望の品を手に入れようとする時、園の産物は重宝であった。

また、儒学者・平洲に土筆を贈り、「返書に詩添削来る（安九・3・3）」。医師の玄杏《げんきよう》のもとに筍をもたせて痔の薬を取りに遣り、「返事に（薬が）来る（天元・閏5・2）」。いずれの贈与も、手間に対する心づかいである。ところで、平洲に添削を依頼した漢詩は、素貫に贈られた「上巳之作」の和韻、返事であった。すでに見たように、この時、素貫にも移りとして土筆を贈っている。季節には、あらゆる機会をとらえて園の産物を贈る信鴻の姿がある。

朝、芝居茶屋の松屋へ土筆を届け、戯場の事を尋ねると、「夜、返事に市村番付来る（安七・2・20）」。一ヵ月後、猿屋へ新狂言の番付を取りにやる時には、蕨を持たせる（安七・3・26）。この日は、園でも蕨を採ったところに、出入りの本屋新助に蕨をもらっており、豊富な蕨のおすそ分けとなる。猿屋に「栗遣し」、新狂言のプログラムを聞きに遣わした時には（安七・8・15）、前日に一斗近く、前々日にも五升の栗を拾っている。収穫したばかりの大量の栗の一部が猿屋にもたらされたことになる。番付や芝居の問い合わせはしょっちゅう行われるが、問い合わせのたびに届け物があるわけではない。園の産物を贈ることは季節の挨拶をも兼ねており、手元の収穫物と問い合わせのタイミングが合致した時に、贈与が発生すると考えられる。

また、「とせ呼びに遣す故、栗遣す（安七・8・10）」と、退職した侍女の来訪を促す時にも栗を贈る。親しい間柄で、ささいな頼みごとがある時に園の収穫物は贈られる。それは、前もって返礼することで相手の好意を引き出す行為とみることができるのだが、そこにはまた、相手への要求の直截さをやわらげようとする働きが認められる。

めぐみの特別給付

園の産物の贈与が、収穫物の豊かさを頒かつ行為であることを端的に示すのは、家臣を始めとする屋敷の者たちへの収穫物の分配である。土筆、筍、栗など、大量に採れる収穫物は、時に応じて、屋敷で働く者たちに分け与えられる。信鴻やお隆の身近に仕える家臣や侍女たちは、時に応じて収穫物を与えられるが、屋敷で働く大勢の者たちが同時に収穫物を与えられることもある。その最初は、安永五年六月と七月の「園中の茄子」である。この年の茄子は、六月二十八日からひと月ほどかけて、側近から中間・小者にまで遣わされる。

六月二十八日　藤田・小枝・新井へ園中の茄子
　二十九日　穴沢・山本・五味へ園中の茄子
七月　二日　高田・渡辺・雄嶋・村井へ園中の茄子
　　　六日　石井・木俣・溝口へ園中の茄子
　　十二日　中番部屋頭中間共三十一人へ園中茄子・かぼちゃ
　二十二日　石川・鈴木へ園中の茄子
　二十九日　狩野・中村・寺嶋へ茄子・かぼちゃ
　　三十日　奥添え役五人・儀八・忠兵衛・寸兵衛・又衛門へ園中の茄子

茄子は、「夏秋の菜の中、是《これ》を以て嘉蔬《かそ》とす」と、冬月の大根に匹敵する夏野菜の代表と考えられていた（『大和本草』）。駒込は「此の辺薄土なれば、樹木に宜しく、穀物に宜しからず」と穀物栽培に適さない土地であったが、樹木以外では茄子が土地に合い、駒込・千駄木周辺で栽培される茄子は味がよく、駒込茄子と称されて江戸の名産であった

(『新編武蔵風土記稿』)。茄子を贈与の品とする例がないわけではない。信州伊那の山間の村の地主である森本家では、初なりの茄子が藩の上級家臣を対象とした贅沢な贈与品としての意味を強く持ち、初茄子の贈与は藩の役職をつとめる森本家と藩の役人を結ぶ重要な行為の一つだったと考えられている。連作を嫌う茄子の栽培には広い土地が必要で、規模の大きな農家でなければ栽培が難しいことも、茄子が贅沢品であり、森本家が茄子を贈答品とすることのできた理由だとされる。[*17] もちろん、商品経済の発達した江戸と信州の田舎とを同列に論じることはできないが、下屋敷の茄子には他の野菜と異なる特別な意味があり、畑物のなかでも、特に茄子が選ばれて下賜品とされたのであろう。「尾沢と賭碁うち負、業《てがら》に茄子遣わす(天三・6・29)」、「尾沢と賭碁うち負、業に煙管遣わす、尾沢茄子出す(天三・7・1)」と、賭碁の景品に茄子が使われていることにも、下屋敷での茄子の特別な位置を窺うことができる。

茄子を屋敷の者たちに与える記事は、しかしながら、この後、安永六年に中村等(8・1)と近習者(8・5)、安永七年閏七月十五日に「表側向きは、今日より茄子分かち遣す」とあるだけである。

茄子のほかには、土筆と藪の筍、それに栗が分け与えられる。

土筆は、安永八年二月に、下屋敷の家政全般を司る用人たちと(2・9)、侍女の最高責任者・浜野を始め、残らずに与え(2・13)、天明三年三月には三日から七日までの間に、浜野から半下《はした》（下働きの下女、末《すえ》とも称される）まで、側近の新井より溝口まで、さらに表住居で働く者を始めとして「残らず」に与える。

筍はまず、安永七年六月三日から八日の間に毎日、侍女たちからはじまり、用人・用達《ようたし》と側近、表御殿勤務の者、料理人や末《すえ》の者、医者の周甫ののち、奥勤めの家臣と庭師の清兵衛で終わる。翌八年五月にも、この時は一日のうちに、用達・用役、医師の松悦と仙宅、「下山初め末《すえ》迄」に配られる（5・19）。

栗は一度だけ、奥御殿で働く者全員に与えられる（安六・9・8）。この後、栗の収量は年とともに増加するが、屋敷の者たちには配布されない。屋敷の者たちに配布する理由は、収量の多さによるわけではなかったことになる。

分け与えられる産物の種類も、受け取るものたちの範囲も、年により異なる。上級職の者から次第に末の者へ、という傾向は認められるものの、身分の上の者から下の者へ順番に配られるわけでもないようである。

分配の契機もわかりづらい。ただ、安永五年の茄子は下屋敷の生活が本格化する時期、安永七年の筍はひと月ほど病床にあった信鴻の床上げ、八年の筍も屋敷内の風邪流行と重なる。そう考えると、茄子が屋敷整備の雑用に主として携わったであろう中間や小者を含む家臣たちに、安永七年の筍が下働きの女や料理人を含めた家事に関わる者たちと医者に与えられ、翌年の筍が与えられた者の中にも、医者の松悦と仙宅の名があることの説明がつく。

安永七年は六月六日に床上げ祝いを行い、家族をはじめとして屋敷の者たちからも海鮮や酒をもらい、医師には金一封を与えている。安永八年に筍を与えた翌日には、「近習人少なにて詰め切りゆえ蕎麦遣す」と、出勤してきた者たちに蕎麦を振る舞う。風邪で欠勤者が多く、しばらくの間、休みなしに少人数で勤務する日々が続いていたのであろう。そうであるならば、収穫物を分け合うことは、屋敷内で一時的に仕事の負担が大きくなった時に、その苦労をねぎらい、心待ちにした屋敷の主人の回復をともに祝う心持ちのあらわれとなる。そこには、単なる報酬にとどまらない、気遣いへの感謝と、収穫物をともに分け合うことからくる一体感を醸成させる働きが感じられる。

契機があきらかでない場合も含め、園の収穫物の屋敷の者たちへの分配は、その時期も分配の範囲も、信鴻の裁量で決められる臨時的贈与である。

園の収穫物に限らず、贈与の記事は「上げる」「贈る」「遣わす」と、信鴻との関係や相手の社会的地位により言葉が使い分けられる。土筆や筍を贈られた俳諧関係者からの返句はすべて、贈与は信鴻からの恩恵を受けることであるとする意識を表明する。

園は信鴻の宰領のもとにある。許可のない園への立ち入りは家中の者たちに禁止され、園の収穫物は厳しく管理されていた。筍や栗は、下屋敷の長屋に暮らす子どもたちにとって魅力であったとみえて、季節には筍や栗を求めて、彼らが園内に入り込むことがある。

だが見つかると、子どもであっても厳しい調べが待っている。信鴻は、藪の筍を長屋の子どもが採った時、「家中児輩盗に入りしに就き、詮議申し付ける」と盗みとみなして取り調べを命じ（安五・4・27）、筍採取の禁止令を出す（安五・5・8）。お隆とともに椎と栗を拾いに出た時には、家中の男児や子守などが栗拾いに来ているのを見つけ、路地の締め切りを命じた上、園の入り口である遊芸門の出入りを厳しくするよう命じる（安九・9・1）。「赤飯を筍番へ遣わす（安八・5・2）」と、筍の季節には番人をおいて見張る。分配者としての信鴻の立場は明確である。

園中の豊かさを頒かち与えることは、信鴻が六義園の掌握者であり、豊かさの分配者であることを示す行為でもあったのである。

珍重すべき賜り物

手ずからの品

六義園で採取し収穫した物を贈る時、「園中の土筆」、「園中の栗」と「園中の」という言葉が日記にはしばしば記される。信鴻がもらった品にも、「園中の」、「下館の」と、贈り主の庭の産物であることは特記される。「夜米堂返書、園中の由大栗貫う（安八・8・

27)」、「銀鷺手紙、姫路園中に出来し由、かしう（何首烏芋《かしゅういも》）のむかご貰う（安八・10・29)」。家臣からもらう時にも同様に、「笋、根岸に貰う、庭に生ぜし由（安五・3・20)」、「米蛙《べいあ》、庭中の燕子花《かきつばた》持参、貰う（安五・3・30)」と、贈る側も園の産物であることを言い添えるのを忘れない。

このことは、贈与において、庭の収穫物は、商品生産された物とは異なる特別な位置を占めていることを物語る。その大きな理由は、園の産物が、贈り主の手を煩わせて産み出された物であることである。

藪の筍を珠来に贈る時、信鴻は、

　　笋をみずからぬきて一石房へおくる

　笋や爪木《つまき》の道の手むだ事

と句を添えるが、そこには自らの手で収穫した筍であることを告げる詞書がある（安四・5・13)。珠来の返句もまた、

　　御手ずから採らせ給う御園の笋に御金作を添えさせ給うて

　　下し賜りける返しを申し上げまいらするとて

竹の子や下し賜わる杖柱　　一石房

と、信鴻の採取であることを主題とする。贈り手は自分の手で採取した物であることを強調し、受け手は手ずからの物であることに特別の価値を認めるのである。

初茸《はつたけ》を俳諧宗匠の在転に贈ったときには、

雨色のお庭踏し給うて、初茸ちょう（と言う）物を御かり得させ給うて、贈り給るのありがたさに

夢かとよ木の子たうべる（下さる）露の恩　　在転

と在転もまた、信鴻により雨の中でわざわざ採取された茸《きのこ》に対する感謝の思いを表明する（安四・9・18）。

小雨の降る肌寒い秋の日、信鴻は、お永に紫蘇《しそ》の穂と一口茄子を贈り、米洲《べいしゅう》に芋の子と紫蘇の穂を贈る。その時添えられた信鴻の句と米洲からの返歌は次のようである（安六・9・3）

君が為我衣手は芋の露

濡つつの恵みかしこし芋の露　米洲

贈り手は、冷たい雨の日にもかかわらず衣服を露に濡らしてと、相手のために労をいとわなかったことを誇り、受け手は、相手の労苦を自分に対する好意のあらわれとして感謝する。米洲は、森弥七兵衛伊織、母の兄・近江の子であり、信鴻とは従兄弟になる。であるから、この芋の贈与には、単なる上下関係だけではない親愛の情が含まれていたことになる。

贈り手がわざわざ採取し収穫してくれることで園中の産は特別になる。手ずからの品にはまた、贈り手が庭で自ら育てた丹精の品であることが含意されている。したがって、贈与された産物は、受け手に、珍重すべき賜り物とみなされるのである。

しかしながら、手ずからの産物であっても、園中の筍や茸は、畑の作物のように日々の厳しい労働から生まれたものではない。土筆も筍も栗もひとりでに生え、ひとりでに実を付ける。その採取もまた、仕事というより楽しみの一つである。珠来に贈った筍に添えられた句で信鴻は、筍の採取を「爪木の道の手むだ事」とする。爪木の道は、隠遁生活を意味し、

庵ちかきつま木の道や暮れぬらん軒ばにくだる山人の声

と冷泉為相が山家を詠んだ、『玉葉集』に収められた歌による。『松蔭日記』も、吉保の致仕と駒込への移転の章を、「爪木のみち」と名付けている。したがって、筍の採取は隠居暮らしの遊びであることを信鴻の句は詠う。園の産物の贈与には、贈る方にも受け取る側にも、手ずからの働きを遊ぶ心持ちがある。

山里から届く季節

安永四年九月十八日、信鴻は俳諧宗匠の在転に初茸を贈り、次の句を添える。

　この程雨稀にして、初菌《はったけ》も出たるを今日珍しく見出したれば露哉主人に贈る

秋もはや終り初茸夢ばかり

添えられた発句は、「秋もはや終り」と、秋の季節の終わりを告げる。信鴻にとって下屋敷での三度目の秋となるこの年の秋は、「この程雨稀にして」の詞書通り、雨が少なく、初茸の出も少なかった。八月末になって日をおいて、ようやく生え始めた初茸が、九月はじめに二度、それぞれ三十本ほど採れただけで、ほとんど姿を消す。ようやく五本採れた

日の初茸が在転に贈られている。

初茸のないこの年の秋は信鴻にとって実体のないまま夢のように移ろいすぎたことを、信鴻は初茸に託して在転に伝える。園中の産は、贈り手にとっても、受け手にとっても、季節性を有しており、季節のしるしとして贈られる。季節の到来と、移り行きと、さらには年の天候と稔りの多寡とを、郊外の田舎から市中の人びとへと届けたのである。

春には土筆である。六義園での初めての春、信鴻は、珠来に土筆を贈る（安三・3・2）。

園中の土筆を摘みて一石庵主へ贈る
御覧ぜよや一節だけの春の色

この二日後に菊堂に贈った園中の土筆と萱草《かんぞう》にも、

喰う程にこそ隠家《かくれが》の春の色

の句が添えられていた。下屋敷で最初の冬を過ごしたのちに迎えた春、信鴻は土筆に託して、待ちわびた春の到来を告げる。

下屋敷の冬は信鴻にとって厳しかったようで、「寒つよく出難く」、表御殿を避けて前年の十月より四ヵ月以上を奥御殿にこもって過ごす。二月半ばに表住居に出てくるとさっそく、蠹上亭で珠来連中から届けられた句に点をつけるが（2・16）、二日後には蠹上亭でしんしんと降る雪を見ることになる。行きつ戻りつ、ゆっくりと進む季節を肌で感じながら、信鴻は、日々土筆を摘み、江戸市中へと土筆を贈る。土筆や萱草を春の色と見るのは、郊外の春を身近にする信鴻の実感でもあったであろう。安永五年に銀鵞に贈った土筆にも、

園中の春色、安達ヶ原の姥が閨《ねや》にはあらね共
春雨や土筆のかしら蕨の手

と、「園中の春色」の詞書のある発句が添えられる（1・29）。六本木の姉や銀鵞などの限られたごく親しい人びとを除き、通常、それぞれの産物はその季節に一度だけ贈られる。このことにも、園の収穫物の有する季節性を見ることができる。

一方、贈られた相手は、

いぶせき市中の庵に下し給わる草に、斯迄春光のみつることをしる
一文字もえひかぬ庭にこや土筆　冬英

と土筆に、市中の住居にもたらされる春を見る（安五・2・17）。また、

うれしさを極彩色の土筆かな　　冬英

市中は更《ふけ》ゆく春もしらぬいのつくし見るにぞ驚かれぬる　　冬英

と返した春もある（安六・3・5）。

家々が混み合い、季節の移りゆきを目にする機会も少なく、春の気配も遠い大都市・江戸に届けられる春。その春は、まぶしいまでに光り輝く。それは、贈り主である信鴻から与えられためぐみでありいつくしみの放つ光である。ここには、信鴻への感謝が表明されている。

さらにここで、菊堂に贈った土筆に添えられた句に、土筆が「隠家の春の色」と詠まれていたことを思い出すと、土筆や萱草が運ぶ春は、隠棲の地の春であることに気づく。つまり、下屋敷からの到来物を手にした者たちは信鴻への恩とともに、理想化された自然の地である山里の春に、想いを馳せることになる。

『源氏物語』横笛の巻では、山寺に籠る朱雀帝が女三の宮に「御寺のかたわら近き林に、抜きいでたる筍、そのわたりの山に、掘れる野老《ところ》などの、山里につけては、あわれなれば、

たてまつれ給うとて」と、掘り出したばかりの筍や山芋を贈る。それは、春の山里の風趣を贈る行為である。早蕨の巻では、山寺の阿闍梨《あざり》のもとより中君に、「蕨、つくづくし、おかしき籠にいれて」届けられる。添えられた歌には、「君にとてあまたの春をつみしかば常を忘れぬ初蕨なり」とあり、蕨や土筆が春のしるしであることが述べられる。

春に、土筆や蕨を摘んで贈ることは、平安時代から、春の季節の到来を贈り手と受け手がともに愛でるおもむきのある行為だと考えられていた。そこにはまた、季節の中でも春の到来を特別視する心持ちが感じられる。園の収穫物のうちでも、特に土筆がひろく贈られるのには、この伝統に基づいた意味合いもあったと考えられる。

歌を詠むほどの人に園の収穫物を贈る時には歌や句が添えられ、お礼の歌や句が返される。園中の産の贈与は歌や句の応酬の機会を作り出す。山里からの季節を運ぶ園の産物は、興趣の対象であり、風雅の遊びの道具でもあった。

四 動物たちとの日々

賑やかな生の営み

大きな池と流れ、池の周りの芝生やいくつもの築山、蓮池、畑、敷地の周囲の堀と藪、それに信鴻たちの住まいからなる下屋敷は、広い水面、溝、せせらぎ、湿地、草むら、低木の茂み、深い木立、それに住宅といった、動物たちの多様な生育環境を提供する。六義園にはいろいろな動物が棲みつき、また訪れた。朱鷺《とき》や鸛《こうのとり》のような大型の水鳥を始め、鶯《うぐいす》や杜鵑《ほととぎす》、蟬や蟋蟀《こおろぎ》、さらには、狐や兎のような小型の哺乳類まで、園内の動物たちを信鴻は間近にし、その動静に大きな注意を払う。

下屋敷に移り住んで十年が過ぎようとする初夏のある日の六義園を信鴻は、「此頃、昼夜子規《ほととぎす》声絶えず、葭雀《よしきり》閑子鳥《かんこどり》水蛙《みずがえる》頻に啼き、雛鶴《ひなつる》巣上に見ゆる（天三・4・30）」と記す。昼も夜も森には杜鵑の鋭い声が響き、葦切《よしきり》はギョギョギョギョとけたたましい声をあげ、郭公《かっこう》もしきりに鳴く。水辺では蛙が鳴き立て、樹上の鸛の巣からは生まれたばかりの雛が顔を出す。六義園は、動物たちが賑やかに生を営む場でもある。

下屋敷では、人の生活は動物の生活のすぐそばにある。軒先には、燕と雀が巣を作る。「お隆居間の簷《のき》、おかねへやの軒に燕子巣くう、寝間の揚げ庇へ雀巣くい、今日雛の声聞こゆ（安四・3・25）」と、部屋の軒には燕の巣、寝室の庇には雀の巣ができ、雀の巣から

おおよしきり
（『禽譜』宮城県図書館蔵）

たんちょう
（『梅園禽譜』国立国会図書館蔵）

ほととぎす
（『禽譜』宮城県図書館蔵）

けり
（『不忍禽譜』国立国会図書館蔵）

とび
（『禽譜』宮城県図書館蔵）

にほ
（『禽譜』宮城県図書館蔵）

図⑩　園でみることのできる鳥

は雛の声が聞こえる。雛の誕生から一番雛を経て六月末の二番雛の巣立ちまで、信鴻は燕の巣の様子に気を配り、巣から落ちた雛は家臣に命じて巣に戻させ、巣を荒らす雀がいれば「こらしめんと」竹につけた鳥黐《とりもち》をしかけて捕らえる。その間に、厠《かわや》の庇に巣をかけた雀の雛が巣立っていく（5・18）。「日暮れに五尺ばかりの蛇、燕の巣の下へ落ちる、珠成捕え頭を潰す、親燕今夜来ず（安六・6・2）」と、雛を狙う蛇の姿を目にすることもある。

江戸を中心とした武蔵国南部地域の動植物の目録である『武江産物志』（岩崎常正〈文政七年、一八二四〉）は、「燕　小石川御門外」と「すずめ　市ヶ谷御門外、浅草御殿（浅草寺伝法院のこと）」、燕や雀の棲息場所を江戸市中とする。江戸の町には、燕や雀が多かった。周囲に田や畑が広がる下屋敷には、特に燕や雀が多かったであろう。

「此頃燕寝間鴨居に巣を造り、大半出来る（安六・4・25）」と、燕は次第に室内に入り込んで巣を作るようになり、雀もまた、「此程長押《なげし》上へも雀又巣を造り、寝所の内の長押上にも巣を作るゆえ昨夜より上の間に寝を移す（安九・6・30）」。雀に追われて信鴻は、寝室を別の部屋に移すことになる。

下屋敷では雀や燕のほかにも、虫喰鳥《むしくいどり》が表居間に入ったので籠にいれて程なく放すこともあれば（安八・9・11）、月村所で蝙蝠《こうもり》を捕らえることもある（天二・7・22）。家臣の穴沢が蝙蝠の子を持参したこともある（安六・6・2）。

侵入した動物たちに対する屋敷の者たちの態度はやさしい。台所に入り込んだ大鼬《おおいたち》は、わざわざ駄賃馬を頼んで川口に放しに行かせる（安七・5・13）。珠成の背中から三寸許《ばか》りの百足《むかで》が落ちた時には、牙を切って放している（安八・3・8）。殺生を禁止する仏教の教えが働いていたからであろう。

もちろん屋外の鳥たちの生活はもっとダイナミックである。子育ての時期の夏には、卵から孵化を経て巣立ちまで、動物の生命をつなぐ営みが、屋敷の者たちの目の前で展開される。

屋外で動物の生活を間近にするのは、何といっても庭仕事の時である。「妹背山皐月の樹中に卵九つ有り、山本樹を造らんとする時鳧《けり》飛ぶゆえ見出す（安四・4・23）」。皐月《さつき》躑躅《つつじ》の剪定をしていた山本は、巣を守ろうと威嚇する親鳥を見て鳧の巣に気づき、卵を見つける。ところが、「昨日山本申す、蛇の取りけん鳧の卵見えず（5・1）」と、数日後にこの卵は消え失せる。蛇に食われたのである。翌年の夏、信鴻も、杉菜山の草刈りをしていて躑躅の根元に大きな卵が九つあるのを見つけて草をかけて隠しておく。ところが、翌日に卵は七つに減り、次の日には五つになる。蛇のせいだと考えた信鴻は、卵を鶏の巣に入れる。雉《きじ》の卵のようであった（安五・5・29）。次の年にも、大山麓の草を刈る時草むらで鼠色の卵を拾い、持ち帰る（安六・6・11）。

生き延びた卵は雛になり、池に泳ぎだす。「此程鳰《にお》（カイツブリ）の子卵を出、浮遊す

（安七・閏7・16）」。「芦葉中に鷭《ばん》の浮巣有り、今日巣をはなれ浮遊、雛三つあり（天三・6・5）」。あるいは、樹木に巣をかけた朱鷺の雛が一羽、巣をたち妹背山の渚に遊ぶ姿を信鴻は目にする（天三・6・9）。朱鷺も人家の庭に巣を作るほど、江戸では見慣れた鳥であった。

ところが、巣を離れて泳ぎだした鷭の雛が、巣立ちの二日後、鳶《とび》にさらわれる。さいわい摑み損ねた鳶が雛を落として雛は助かるのだが、その現場を信鴻は、龍華庵参詣の途中で目撃する。お隆と啜龍も一緒であった（天三・6・7）。翌年、信鴻は名古山で、食い殺された鳶を見つける（天四・3・25）。雛を襲う鳶もまた、他の生き物の餌食となるのである。ある時には、荻《おぎ》の中の葦切の巣で、小蛇が雛をとろうとしたが親鳥が撃退、ついで葦中の鳰の巣を襲うがここでも親鳥に撃退されて逃げる場面に、入江の荻を掘っていた清兵衛が、遭遇する（天三・5・15）。

蛇に食われる巣の中の卵、鳶の餌食となる雛、食い殺される鳶、あるいは、雛を襲う蛇と親鳥との戦いといった自然界の営みが園中では絶え間なく続き、信鴻は、その一端を見聞きする。六義園は、生命が生まれ育つ場であるとともに、動物同士の争いや破壊や死が頻繁に起こり、それを人が目にする場であった。

信鴻は、この自然界の営みに介入する。見つけた卵を持ち帰るのもその一つだが、傷ついた雛や親のない雛を世話する姿も随所に見られる。朱鷺の雛が巣から落ちて飛べないでいるのを見つけて、奥で養う（安七・6・12）。十日ほどのち、今度は表御殿の坪庭に落ちた雛を養う（安七・6・24）。群れ騒いでいた鳥に蹴落とされたらしいこの鳶の雛は、五日ほどで羽根が強くなると、園中に放される。

大山の夏草を刈らせている時、草の間に雉の巣を見つけたこともある。「雛四つ有り、一つ生きて在り（天元・6・10）」と、四羽の雛のうち三羽はすでに死んでいた。草で囲ったが心もとないので、育て方を鳥屋に聞きに行かせる。江戸では飼い鳥の趣味も盛んで、鳥屋では鶯や目白を始めとする野鳥も売っており、飼育もしたのである。鳥屋は、雛を預かることを承知するが、「親鳥巣を替る物なれば」しばらく様子を見てはどうかと助言する。しかし親鳥は姿を見せず、結局、この雛は本郷六丁目の鳥屋に預けられる。

安永九年の夏には、家臣たちが鳥退治に追われる。まず手始めに、「徒《いたずら》鳥有るゆえ、油揚にて竹へ鳥黐《とりもち》を付け、所々に掛ける（5・11）」。このいたずら鳥は朱鷺の巣で餌を争い、信鴻に目をつけられていた（5・9）。二日経っても鳥黐の罠にかからない鳥を、米伯が吹き矢で偵《うかが》う（5・13）。翌日には滝が半弓を、渡辺が吹き矢を持って鳥を追い、ついには松崎が鳥網を老人峰に張る騒ぎとなる（5・17）。この鳥退治の顚末は不明だが、庭に来た目白を、穴沢が黐竿《もちざお》で取ろうと試みて取れなかったこともあり（安九・5・25）、鶺の雛を狙う鳶を、罠で捕らえようとしたこともある（天三・6・11）。わるさをするとはいえ、鳥一羽を大人たちが連日追い回し、目白が来れば鳥黐で捕まえようとし、害をなす鳶がいれば、罠を掛ける。用人の滝と用達の穴沢以外に彼らの役職は不明だが、上級職にある者も一緒になって、鳥退治に奔走していることになる。彼らにとって、園中の鳥を捕まえることは、国許の山で鳥を追った若い日の思い出につながるものであったのかもしれない。

鳥と虫のつくる音風景

「初めて燕子《つばめ》来る、青蛙《あおがえる》鳴く（安六・3・8）」と信鴻は、燕の飛来と蛙の鳴き声に夏の訪れを知る。下屋敷は、鳥や虫の声に満ちていた。鳥や虫の声のうち、信鴻がもっとも注意を向けたのは、杜鵑《ほととぎす》の鳴き声である。

　この山里は、暁より昼はひねもす、夜はすがらに、雨にも月にも、いくらともなく啼きつづくれば

杜鵑左右前後に耳もがな

と初めて経験した下屋敷の杜鵑のシーズンを、信鴻は詠む（安三・5・4）。ケケケッ、ケケケッと、するどく迫る甲高い鳴き声が四方八方から押し寄せて、体中につきささる。下屋敷の夏は天に抜けるような杜鵑の声が溢れていた。

「富士前辺迄、終日、杜鵑声不絶、谷中より東にては聞かず（安七・4・20）」と信鴻が観察したように、下屋敷周辺には杜鵑が多かった。武蔵野台地の東端に位置することに加え、両隣が広大な下屋敷であることも関係しているであろう。

日記中に記される回数も他の動物にくらべて杜鵑が目立って多いのだが、杜鵑は鳴き方に細かく注意が払われる点でもきわだつ。次の安永三年四月の記事は、「八つ過ぎ」、「暮前」、「昼」、あるいは「七、八声」「数声」、「東南」、「水分石の辺」、「常に」と、鳴く時間、鳴き声の聞こえる場所、鳴く回数、それに頻度といった鳴き方を詳しく記す。また、十七日に「昼子規《ほととぎす》啼く」、二十四日に「今日より昼夜杜宇《ほととぎす》不絶声」と、杜鵑の鳴き声が、天気欄に記されていることも注目される。

四月　十五日　八つ過ぎ、杜鵑七、八声、暮前、又数声、東南に啼く。
二十一日　二、三日、朝、子規四、五声ずつ聞こゆ。
二十四日　水分石の辺、子規常に啼く。
二十六日　此程東林、閑子鳥、坤《せいなん》の林、子規声絶えず。
二十九日　今日朝より、郭公《ほととぎす》、終日声絶えず。

杜鵑の鳴き方に対する注意深さは、鶯や雁とくらべた時、よりはっきりする。鶯は、記事が少ない上、「庭中に啼く声々止まず（安六・2・20）」、「此頃藪中倉庚《そうこう》（うぐいす）宛《えん》囀《てん》（安七・2・10）」、「庭前にしきりに囀《さえず》り、春色満つ（天三・2・26）」と、さえずりの事実を短く記すに留まる。雁の場合も、

安永二年八月　十四日　初雁わたる。

安永三年八月二十六日　園中にて夕方、初雁七八羽渡るを聞く。

　　　　　　二十九日　この頃、朝夕、雁わたる。

安永四年九月　六日　帰路、初雁を聞く、二三日前より聞きし由、従者いう。

　　　　　　九日　雁、朝暮わたる。

と、注意は初雁に向けられる。初雁は、「聞きし由、従者いう」、「初雁鳴く由（安六・8・29）」と、その鳴き声が、信鴻の周囲の人びととの関心を引き、話題となる出来事である。しかしながら、鳴き声の詳細や群れの数などが記されることはない。雁に対する興味のありようは、その到来にある。

杜鵑は、古来夏の鳥の代表とされ、初音・忍び音に見られるようにさまざまな鑑賞の仕方が、歌や文学を通じて洗練されてきた特別な鳥である。『万葉集』に採られた杜鵑を詠んだ歌は一五三首で、動物の歌の中ではもっとも多く、すでにこの時代、杜鵑が大きな興趣の対象であったことを物語る。なかでも大伴家持は六三首もの歌を詠んで、杜鵑への愛

着を示す。信鴻の杜鵑への関心の高さは、古来からの杜鵑愛好を踏まえてのことであろう。また、杜鵑は、山から里へ、さらに都へ出てきて鳴くと考えられていた。清少納言が、杜鵑の声を訪ねて、わざわざ賀茂の奥にある中宮の叔父の別荘に出かけたのも、都ではまだ聞くことのできない杜鵑の声を求めてのことである。この初音を待ち望む気持ちは強く、先に見た、安永五年刊の『草木花暦江都順覧四時遊観録』も、江戸に杜鵑は多いとした上で、下屋敷近くの小石川白山御殿跡が江戸の杜鵑の鳴き始める場所とされて初音の里と呼ばれる、と説明することを忘れない。

もちろん、信鴻も初音を待ち望む。天明二年四月、「広徳寺前にて杜宇《ほととぎす》啼きし由、予は聞かず（4・1）」、「七半過ぎ、園中にて杜宇啼きし由、予聞かず（4・3）」と初音を聞き逃した信鴻は、数日後隅田川に遊びに出て、「初めて杜宇一声を聞く（4・5）」。するとさっそく、

人はいう、今朝は杜宇なきぬ夜辺は一声聞えぬなどいえど（略）聞つけざりしに、きょう隅田の辺りに初て聞き侍れば（略）

山里にありやなしやのほととぎすすみだ河原におちかえりなく

の歌を珠成に贈る。初音を聞くことは、初雁と同様、季節の話題の一つであった。

しかしながら、日記には、「七つ頃、吟峨亭にて初めて杜鵑を聞く（安五・3・26）」とある以外に、初音への言及はない。繰り返し出てくるのは、「終日声絶えず」、「朝から声絶えず」といった、昼も夜も周囲に響き渡る杜鵑の声である。下屋敷には、杜鵑の声に包まれた生活がある。

信鴻が、隅田川で詠んだ杜鵑の歌は、『更級日記』の作者が東山に移り住んで詠んだ、「誰に見せ　誰に聞かせん山里の　この暁もおちかえる音も」を本歌としていると考えられる。夜明けの美しさと繰り返し鳴く杜鵑の声が、山里の特筆すべき風趣である。『枕草子』においても、賀茂の奥が杜鵑の場所と考えられていたように杜鵑と山里を結びつける伝統も古い。杜鵑の絶えない響きは、下屋敷の山里性を顕在化させる。

「夕、お隆と楓樹《かえで》を造り、妹せ山草を刈る、西林遥かに、子規二十声ばかり忍び音に聞ゆ（天四・3・22）」。杜鵑の鳴き始めるとされる立夏のはるか以前から、下屋敷では、杜鵑が忍び音で鳴く。季節に先立つ杜鵑の声を聞きながら、お隆と庭仕事をするときもまた、信鴻が山里の生活を強く実感するひと時ではなかったか。

虫の声も山里のしるしである。「染井の山里に住み侍れば、叢《くさむらごと》毎の虫など折からの情に叶いて、心すむ幽居のさま」と、月の光のもと、草むらに啼く虫の音が幽居の風情を高めるとする意識を、信鴻は安永二年の中秋に詠んでいた。「夜四つ過ぎ、お隆同道、擲筆《ふですてまつ》松辺迄松虫聞きに行く、細雨降り、雲間、月折々出る（天二・7・14）」と、秋になると、松虫を聞きに小雨の中を園内に出る。虫屋で松虫や鈴虫を買い求めて妹背山に放し、虫の音喞《すだ》く、草むらの維持にも心をくだく（安七・閏7・22）。

駒込移転から十日ほど過ぎた頃、信鴻は訪れた米社とともに「蟲上亭に蟬を聞くを賦す」と題する漢詩を詠み（安二・6・2）、後にも「啜龍・珠成と聞子規を賦し、字を探る（安五・3・28）」。杜鵑や蟬の声は、文芸の遊びのきっかけであり題材であった。蟬の声は詩の題材となり、虫の音は花野の伝統に連なる情趣のもとに捉えられる。それは、信鴻の文芸の素養を示すとともに、駒込の地が市中を離れた山里であり、その生活が「宴遊」の名のとおり、自然の中での風雅の生活であることの証である。さらに、季節の風物である鳥や虫は、その声が風雅の生活をかたちづくる欠かせない要素の一つとなる。

ところで、信鴻が杜鵑の鳴き方に注意を向ける理由には、杜鵑と農作業との関連もあるかもしれない。杜鵑を時鳥と表記し、その別名が死出（幣）の田長《たおさ》であることは、杜鵑が田植えを促し、農繁期にしきりに鳴くことによると考えられている。清少納言は、賀茂神社参詣の道すがら、田植えをする女たちが、「ほととぎすよ、おまえが鳴くから私は田植えするのだ」と歌う姿を見たことを書き留めている（『枕草子』二二六段）。杜鵑の鳴き声を稲作との関連でとらえる伝統も長かったのである。安永三年、杜鵑の記事が天候の欄に書き入れられたのは、信鴻が杜鵑の出現を季節の指標として捉えていたことを示す。

信鴻は、杜鵑と同じ頃泣き始める閑古鳥《かんこどり》の鳴き始めの日や、葭雀《よしさり》の訪れにも注意を払う。

蟬は、「今日より蟬発声（安四・6・11）」、「初めて蟬啼く（天元・5・5）」と鳴き始めにも注意を払うが、「蟬の声甚だ稀に、蜩《ひぐらし》多し（安七・6・29）」、「蟬の声甚だ稀也（安八・6・29）」と、声の多少を気にする。さらに「此頃、夜々、蛙声頻りに啼く（安八・3・8）」、「此頃、泉池、蛙声多し（天三・4・6）」と、蛙の声の多少に関心を寄せ、「今年、蟇《がま》の子多く生ず（安九・6・21）」と、蝦蟇の出現個数の多少にも注意を向ける。そして、「米蛙《べいあ》、蛙聞きに庭へ出、声甚だ稀也（安四・4・27）」と、家臣がその声を庭に出て確かめることもある。秋の虫もまた、「今宵蟋蟀《こおろぎ》啼く声甚だ多し（安七・閏7・5）」、「園中松虫甚多し（天元・7・16）」、あるいは、「松虫稀に太隠山下に聞こゆ、諸虫の声甚少し（安四・8・3）」、「今年虫声惣て早く甚少し、轡虫《くつわむし》聞えず（天三・9・9）」と、声の多少が記述の対象となる。

　こう見てくると、日記に記された動物の動静は、夏の訪れとその終わりのしるしであることに気づかされる。蟬の声は夏の暑さを、雁の飛来は夏の終わりを、そして虫や蛙の声の多少は年の気候の変動を意味する。夏の天候は、稲作に大きく影響するのである。

　信鴻は、稲作はもちろん農事に関する関心を日記中に直接表明してはいない。しかし、浅草参詣の折の、「裏門を出、六郷反畝《たんぼ》へかかる、苗、既に植ゆ（安五・5・17）」、「日暮《ひぐらし》崖上にて烟《けむり》を弄《くゆら》し少し休む、稲悉くみのり、秋風に靡《なび》く（安六・8・15）」、「わせだの稲皆かりて掛く、四方秋晴、風色愛すべし（安三・9・18）」、あるいは、「田麦既に六七寸許り（天元・2・26）」、「大麦皆既に刈り畢《おわ》る、天晴、四方横雲有り、南風（安五・4・24）」といった記事は、信鴻が年の豊凶に深く心を寄せていたことを窺わせるに十分である。

園中の動物の動静は、季節の風物として美的対象であると同時に、年の稔《みの》りに関わる天候の指標として、長年藩主として藩の運営に携わり、現在もなお大名家の家長である信鴻の関心でもあったのである。

狐と鶴の霊異

信鴻の時代、人びとは動物を、程度の差はあるが、霊的な力をもつ存在だとみなしていた。雛や卵を襲う蛇は見つけ次第に殺すが、夢に蛇を見ると供え物をする（天元・5・20）。鳥が室内に入ることは吉兆であったようで、部屋に名の知れない鳥が飛び込んだ時には、お隆が硯蓋に盛った肴を出して祝い（安八・8・6）、鴨が家の中に入って尿をして出た時には神酒を備える（天二・11・14）。一方では、室内に入り込んだ鳥を妖物《ばけもの》だと言って侍女たちが怖がるので、家臣の穴沢に刀で祓わせる（天元・4・18）。動物の背後には、人智の及ばない世界が広がっている。

六義園で霊的な力を持つ存在とされた動物の代表は、狐と鶴である。

狐の記事は安永七年から九年にかけてあらわれ、安永八年に集中する。安永七年夏の夕暮れ、穴沢が芦辺で狐を見かけたと知らせ、信鴻も出てみるが見ることはできなかった（安七・6・9）とあるのが、園内に狐の出現を知らせる記事の最初である。その後、狐は姿をあらわさないが、翌八年一月になると、久護稲荷が造営される。「昨夜狐の夢を見るゆえ赤飯を東西の稲荷へそなう（安六・10・22）」と、下屋敷にはすでに稲荷が祀られていたので、社殿を新しくしたのであろう。

江戸では稲荷信仰が盛んであった。『茅窓漫録《ぼうそうまんろく》』（天保四年〈一八三三〉）が、「一の獣穴を見出す時は稲荷の来現と称し」と述べるように、狐の穴を見つけると稲荷の来現としたというから、下屋敷でも狐の出現を受けて稲荷社を造営したのである。二月一日に「移徙《いし》（移転）」、三日の初午には、太鼓を打ち、立華の献花が行われて、稲荷社の造営が賑やかに祝われる。

すると、それに応えるように、この月の末、館近くの風雅松の下で狐が二度啼く（2・27）。そこで、狐の巣穴に豆腐を供え、屋根に水を注ぎ、翌日には赤飯を巣穴に供える。屋根に水を注ぐ理由は不明だが、何らかの風習があったものと見える。狐窟《きつねくつ》とあるので、この時までに狐の巣の場所が特定されていたことになる。このちも、太隠山で狐が啼くと狐窟に豆腐を供え（3・8）、鮗《このしろ》を備える（3・22）。鮗は狐の好物と考えられており、稲荷の供物にされた。やがて狐は、家臣の夢に現れて赤飯を要求するまでになる（4・

10)。

木村、昨夜の夢に狐来て告げて言う、明日赤飯を与えよと也、木村言う、明日は出来難し明後日奉らんと答えて夢醒める、今日、黄昏、木村茶屋を仕廻い帰り掛け、芦辺の橋の傍の松下に狐（四）有り、木村を見て恐れず、因而《よりて》今夜、豆腐を備う。

夢の中に現れて赤飯を要求する狐に木村は、翌日には無理だが明後日ならば、と交渉する。すると、翌日の夕暮れ、まるで前夜の約束を確認するように、木村の前に四匹の狐が姿をあらわす。そこで急遽、その夜のうちに狐窟に豆腐が供えられ、翌日、約束通り赤飯が供えられる。

この後、狐窟には毎夕食事が備えられ、時に赤飯が供えられる。信鴻も、園内で狐を目にする（4・19）。しばらくして狐の姿が見えなくなると、屋敷出入りの祈禱師金兵衛を呼んで狐窟を見せ（5・29）、守り札をもらい受けて狐窟に貼る。この守り札が届いた日の夜、「園中にて狐啼く（6・2）」。守り札の霊験はあらたかであった。

信鴻が好んだ真崎田楽は真崎稲荷門前の茶屋の名物であるが、当時の随筆『続飛鳥川《ぞくあすかがわ》』によると、その真崎稲荷でもちょうどこの頃、祠の下のあたりに狐が住んでいて、「お出でお出で」と呼ぶと出てくる狐に油揚を遣るのを、大勢の見物人が見たという。真崎稲荷をよく訪れる信鴻たちもこの狐を目にしていたであろう。稲荷の使いである狐は至る所に出現し、人びとは狐と、日常的に、親しく接していたのである。

一方で、この時代の人びとは、「稲荷信仰を含む先行する文化から、この動物に対して複雑なイメージを受け継いでいた」[*18]。下屋敷でも、狐の仕業とみなされる不思議な現象に見舞われる。まず、狐出現に先立つ安永六年十二月、夜十時頃、土蔵前で家臣の高橋が狐に化かされ、しばらく溝の中をさまよう（12・26）。園内に狐が棲みついた後にも、村井に弁当を届けに来た下僕が、これも夜十時頃、狐に化かされ、帰宅後狐が憑いたようになる（安九・9・26）。下僕は、台所口で出会った提灯《ちょうちん》を持った男の明かりを頼りに帰途につくのだが、犬の吠え声に我に返り、見回すと思いがけない場所にいるので、驚いて帰宅し、眠りにつく。ところが寝付くや否や、数多くの狐が来て泥を投げ入れると言って騒ぎ始め、同輩が、二月堂の守り札を浸した水を飲ませようとすると逃げ出し、皆に打ち倒されて正気付く。この年十二月には、長屋土蔵前の、狐の出る場所に建てる祈禱の札が、成慶院より届けられる。しかし狐の霊威は強く、今度は侍女のみよに狐が憑く。みよの気が乱れ、言葉も定まらないので問い詰めると、一つ目より来た狐だと答える。一つ目とは本所一つ目であろう。みよは兄が迎えに来て実家に帰り、残された奥勤めの侍女たち全員に残らず、信鴻は九字を切って災いを祓う祈禱を行う（天元・8・11）。そして翌日、「南北稲荷へ、妖狐を門内へ入れるべからざる由、申し遣す」と、屋敷内の稲荷に、屋敷の守護を要請する。狐は、害をなす妖獣であると同時に、屋敷の守り神でもあった。

妖獣ともなり守り神ともなる狐に対し、鶴は、その出現を祝うべき瑞鳥《ずいちょう》である。園への飛来が歓迎され、その動向に注意が払われる。日記の記載回数は、杜鵑とともに突出しており、ほぼ毎年記述が認められて、総数は七十に近い。

下屋敷移転から三ヵ月になろうとする安永二年八月十九日、この日初めて信鴻は、朝、園内に鶴が舞うのを見る。翌三年一月には、「園池へ丹頂雌雄下る（1・11）」、「鶴今日も園池に在り（1・12）」、「庭へ鶴又下る（1・21）」、「鶴下りしゅえ、今夜祝う（1・23）」と、鶴の飛来が続き、その飛来が祝われる。この年の正月は、水涸れで池は湿地化していた（1・9）。三河島田圃の付近は、江戸時代には毎年十月になると鶴がおりてきて、三月まで居ついていたとされる。[*19] したがって、安永三年正月の鶴は、丹頂であったと考えられる。「鶴一双《いっそう》（一対）泉池に止住［泉池水悉涸］（安六・1・3）」、「玄鶴《くろづる》二十二羽、低く翔び啼く（安七・3・21）」と、その後も丹頂の営巣や鍋鶴《なべづる》の類の飛来は見られたようである。しかし、安永二年八月の鶴は、その時期から、丹頂とも、他の種類の鶴とも考え難い。

実は、その後たびたび出現する鶴と記される鳥は、出現時期と樹上に巣を作っている点から鸛《こうのとり》だと考えられる。鸛は当時、国内のいたるところで見られた鳥で、江戸でも、上野や浅草の近辺で普通に目にすることができた。信鴻も、上野の寛永寺で、屋根の突端に鸛が巣を掛け雛を育てているのを見かける（安四・6・22）。この時、信鴻は「鶴巣を作り」と、鸛を鶴と記す。長いくちばしと首、足をもつ鶴と鸛はよく似た姿をしている上、鸛はこうづるとも称されて、松と鸛のとりあわせが「松に鶴」として吉祥の画題であったので、信鴻の鶴の呼称に理由がないわけではない。

もっとも、ここで注目すべきは、分類上は鸛であっても、信鴻により「鶴」と認識された鳥の存在と、信鴻がその飛来と営巣と、雛の成育に大きな注意を払っていた事実にある。信鴻の記述に従い今後鶴として取り扱う鸛の記事が最も多いのは天明元年である。この年、二組の鶴が園中に巣を作り、雛を育てる。その場所は、水分石《みずわけいし》の脇にそびえる樅の木であった。この年の営巣から巣立ちまでの様子を日記は次のように記す。

三月　三日　昨日、鶴二双、園中飛翔、今日一双、水分石のもみに巣をつくる体。
　二十三日　鶴、先日来りし日より園中を離れず、二、三日、水分石のもみの樹に巣を運ぶ。
五月　八日　鶴の雛生れし様子、外に一双来る、同樹に棲む。
　十五日　雛鶴、三羽巣中に在り、今日頭を出す。
　二十三日　鶴の雛、巣より落つ、一羽損じ、埋む。
閏五月　九日　此比、鶴雛、巣中にて立つ、黒羽生え、大きさ鳶程に成る。
　二十四日　巣鶴、已に親程に成る。

六月　十日　雛鶴、巣をたち泉池へ下る、米徳へ手紙、鶴の事申し遣す、雛鶴一羽
巣を起つ、余は巣中に在り。
十四日　雛鶴、咸《みな》巣をたち水際に遊ぶ。
十六日　雛鶴巣をたちし祝い、赤飯を六本木・上邸初め児輩へ配る。
白堂、巣鶴の詩を贈る、今夜祝うにつき奥勤皆出、珠成・峰、路次よ
り来る、三絃賑う。

三月の飛来から六月半ばの巣立ちまで、信鴻は、営巣と雛の動静を注意深く見守る。特に、雛の成育過程には注意が払われる。巣立ちが始まると米徳へ知らせ、すべての雛が巣立つと、姉と上屋敷を始めとする子どもたちに赤飯を配り、奥勤めの者たち皆で賑やかに祝う。珠成と妻の峰も長屋から駆けつけ、龍華庵の白堂は、鶴の漢詩を披露する。

天明元年は、「今晩、三亀安産、男児出生の由申来る（2・12）」と、二月に米徳に男子が生まれ、銕五郎《てつごろう》と名付けられる。待望の世嗣である。出生からほどなくして六義園に鶴が舞い降り、巣作りを始める。この鶴に瑞兆をみる態度と雛の成育への関心の高さは、鶴の姿が世嗣の誕生と成育に重ねて受け止められていたことを、明らかに物語る。

この時信鴻は知る由もないが、銕五郎は家督相続前の寛政七年、二十一歳の若さで世を去り、弟の保泰が第四代藩主となる。この時代、乳幼児の死亡率も高かったが、青年期の死亡も稀ではなかった。啜龍は天明八年三十代半ばで信鴻に先立ち、ほどなくして米社も、

息子の熊蔵も死去する。人の寿命が現代よりもっと定かではなかったこの時代、その行く末の無事を、人間界を超えた存在に頼む気持ちは、人びとの間に強かった。大名家では殊に、家の存続は藩の存続に直結する。この年の六義園への鶴の到来は、格別の思いで受け止められたにちがいない。こののち、鶴は園内で毎年営巣する。その巣作りと雛の様子は日記に書き留められ、天明三年まで毎年、巣立ちが、六本木の姉と上屋敷の米徳のもとへも赤飯を届けて祝われる。

安永三年一月に、「鶴下りしゆえ今夜祝う」と記されたことを思い起こせば、鶴は、その飛来自体が祝意のあらわれとして祝うべき喜ばしい出来事であったことがわかる。その鶴が棲みつき、雛を育てる。鶴の存在は、六義園を祝意にみちた晴れやかな空間にする。それは、一族の繁栄のあかしであり、繁栄を寿ぐものと考えられたのである。

五

六義園を見せる

隠された魅惑の場所

藪と堀で囲まれた駒込の下屋敷は、外に対して閉ざされた空間であった。出入り口は施錠されており、下屋敷に住む人びとも門番の許可なしには自由に出入りすることができない。信鴻の外出を見送ろうとしたお隆でさえ、鍵のかかった藪口の鍵で手間取る。江戸の大名屋敷はどこも、閉鎖性が強かったのである。

屋敷内部も同様で、信鴻の生活の場である御殿空間と江戸詰藩士たちの生活空間は明確に区切られており、長屋に暮らす藩士とその家族の、御殿空間への立ち入りは制限されていた。彼らが六義園に自由に入ることも許されない。許可なく園中に立ち入った者たちに対して信鴻は厳しく接する。

藪の筍を採りに来た子どもたちが詮議の対象となり、園内で栗拾いの子どもたちを見つけた信鴻が路地の締め切りを命じたことを思い出そう。摘み草の時期には、園中にいた婦人女子を、「願い」が出てないという理由で家臣に命じて外に出し（天元・3・24）、園中へ見慣れぬ男たちが出ているのを見つけ、咎めて園の外へ出したこともある（天二・6・14）。もっとも、この時には、彼らが俳諧の刷物制作のため訪れている職人だとわかり庭を見せる。

したがって、六義園は、屋敷の外に対して閉じた空間であると同時に、屋敷内の長屋に暮らす人びとにとっても閉じた空間であったことになる。仕事中の刷り職人を咎め立てしたことは、仕事で屋敷を訪れる者たちにも六義園への自由な立ち入りは禁じられていたことを示す。園中の人の出入りには信鴻自身が注意を払っていた。

しかしながら、右の出来事は、物理的には園に入り込むことが比較的容易だったらしいこと、園内の春草や木の実を求めて、あるいは好奇心に駆られて、園に入り込む者たちがまま見られたことを物語る。さらに、「願い」があれば、あるいは、信鴻に庭を見せる気持ちがあれば、庭の見物ができたらしいことをも窺わせる。事実、信鴻は、家臣の妻たち十人ほどが土筆《つくし》摘みにきた時には庭で彼女たちに会い、茶と煎餅などを与えている（安六・3・6）。

庭園は、本質的に閉ざされた、私的な空間である。江戸時代の大名庭園も現代の市井のささやかな住宅の庭も、塀や壁で一定の範囲を囲いその内部を持ち主が好きなようにかたちづくる点で、基本的に変わりはない。しかし、大名庭園は、閉鎖的な大名屋敷の内部にさらに囲われて設けられる点で、その閉鎖性は抜きん出ている。

門を固く閉ざし、中の様子がうかがい知れない大名屋敷は、当時の江戸の人びとにとって広大な不可侵領域という点で恐ろしさをも感じさせる「不思議の場所」であり、その裏返しとして物珍しさを内包した好奇の対象であったとされる[*20]。そうであるならば、大名屋敷の奥深くに秘められた庭は、よりいっそう人びとの好奇心をかきたて、想像力を刺激する場所であったにちがいない。

というのも、大名屋敷の庭は、広い園内に各地の名所に見立てた景をちりばめて園路でつなぎ、景のネットワークを張り巡らせて場を創り出していたからである。我が国の庭のデザインの基本には、歌に詠まれて広く知られるようになった風光の地、国々の名所を庭に写すことがあった。平安時代に成立し、我が国最古の作庭書だと考えられている『作庭記』はすでにその冒頭で、「国々の名所をおもいめぐらして、おもしろき所を、わがものになして」と、庭造りの趣意が名所の写しにあることを述べている。その伝統は大名庭園において、池泉回遊式庭園と呼ばれる様式に結実する。それぞれの景は、遥か彼方の地にある名所を眼前に彷彿とさせる。園路をたどりながら景を廻り、次々に出現するさまざまに異なる眺めを楽しみながら、名のある歌人の歌とともに風光の地に思いを馳せ、歌を詠むのが、この時代の名園鑑賞の作法である。こうして、訪問者は、いながらにして時間と空間を超えたはるかな地に旅する気分を味わうことができる。

したがって、「庭内に多くの風光明媚な場が「名所」として創り出された庭園であればあるほど、その庭園は「名園」とよばれ、それ自体が「名所」とされた」のである。[*21] 榎本其角も『類柑子《るいこうじ》』(宝永四年〈一七〇七〉)で、「武門の大家にたてこめたる名所」と、大名家の庭の名所性を指摘している。六義園も、和歌浦をもとに八十八の景がいくつもの園路でつながれていたことはすでに見てきた通りである。

さらに、有力な大名の庭は、家の栄華と将軍家にまつわる華やかな園遊会の記憶をまとっていた。尾張徳川家の戸山荘には将軍家斉の来遊があり、六義園も、綱吉の母・桂昌院と姫たちの半ば伝説化した来訪で知られる。歌名所を彷彿とさせる風光と場所の記憶、この二つを併せ持つ大名の庭は、まさに、隠された魅惑の場所であった。したがって、人びとの大名屋敷の庭に対する憧れは強かった。正式に招待を受け、あるいは非公式に大名家の庭を訪れることは、特筆すべき出来事である。その機会を得ることのできた数少ない幸運な者たちは、庭のありさまやもてなしの内容を拝見記や庭園記に残すのが例であり、その文章は書き写されて世の中に広まり、人びとの憧れを増幅させる。本書で何度か引用した「松平甲斐守林泉の逍遥」と題された六義園訪問の記録も、釈敬順が非公式に訪れた大名庭園紀行の一つである。

この名園を、信鴻は見せた。「庭を見せる」、「園中みせる」の言葉は、日記中に頻繁に現れる。信鴻にとって六義園は、手入れや遊びの場であると同時に、見せる場所であった。もっとも、大名自らが江戸屋敷の庭を見せる例がないわけではない。寛政の改革で知られる松平定信は造園の趣味を持ち、老中の座を退いて隠居した後、江戸と領地の白河に合わせて五つの庭を作る。このうち白河の南湖は「士民共楽」の理念のもとに整備された公開の園地であったことで知られるが、江戸でも、隠居後のすまいとした築地の下屋敷に設けた浴恩園を家中の者に見せている。「われひとり浴しぬるにもあらじとて、わが藩の士女にも日をさだめてここに行て遊び楽しむ事をゆるしぬれば、士女のいやしきまでも、ひそかに御恵をあおぎ侍《はべ》ることになんありける（『退閑雑記』巻四）」と、日を定めて藩士とその家族に庭を開放した。その理由は、庭の楽しみを独り占めしないためであり、その楽しみを可能にした屋敷の元所有者一橋家、ひいては将軍家の恵みを領民に知らしめ、将軍家に対する恭順の意を強めるためである。水戸藩上屋敷の庭である後楽園の名が、中国北宋の政治家・文人である范仲淹《はんちゆうえん》の著した「岳陽楼記《がくようろうき》」中の、「天下の楽しみに後《おく》れて楽しむ」に由来するように、世間の人びとの楽しみをまず考え、自分の楽しみを後にすることは、この時代、為政者のあるべき姿とされていたことはよく知られる。定信の庭園開放も、この理念のもとにある。見物する者は家中の者たちに限られていること、日が定められていること、さらには、庭見物は藩主により特別に与えられた恩恵であることも、この趣旨の庭園開放に共通する。

時代が進むと、大勢の見物人に日を限って庭を見せる大名も現れる。備中足守藩木下家麻布広尾の上屋敷には広庭全体を覆うほどの大木の糸桜があり見事な花を咲かせたが、花の時期、三月一日より十日までの間一般に開放された。広座敷には毛氈が敷かれ、先祖の淀君が秀吉より拝領したとされる一対の雛人形が飾られ、「男女押し合いへし合い群集して」見物した（『遊歴雑記』）。見物人の多さは、入り口に腰の物を預かる係の者が控えていたことに現れている。

六義園の庭見物は、これらのやり方とは趣旨も方法も少々異なる。そこに、個人的な色合いが認められるのである。もちろん、為政者の立場で家中の者に庭を見せることもあるのだが、その場合にも、ある自由さが感じられる。信鴻と関係のない部外者にも庭を見せ、年とともにその数は増加するが、木下家のように、日を限って大勢の人びとに見せることはない。「河野宗阿弥来たらば園中見せたき由、中島申し聞ける、見すべきと申し付ける（天二・10・7）」と、庭見物の願いはそのつど出され、信鴻が直接聞いてその可否を判断した。関係者であると部外者とを問わず、庭を見せた人びとの名前と身分を信鴻は日記に詳しく記しており、庭見物に訪れた個人個人に注意を払っていたことを窺わせる。そこには、為政者として庭見物を許す立場だけではなく、個人として、自身の楽しみのために庭を見せる心持ちが感じられる。

個人的で自由度の高い庭を見せるやり方が可能であったのは、信鴻が隠居の身であり、ある程度私人としての立場をとることができたことと、町歩きが好きで市井の生活に興味のある信鴻の性格によるのであろうが、彼が庭の維持管理に直接携わっており、庭と個人的に深く結びついていたことも関係しているように思われる。六義園は、彼にとって、自ら手をかけて自然を育み、その美を愛で、稔りを収穫する生活の場であり、長い時間をかけて手を入れ続けて創り出した作品であった。信鴻にとって庭を見せることは、この自慢の作品を披露することである。庭を訪れた人びとが六義園のすばらしさを称賛し、思い思いに楽しむさまを目にすることは、自身の作・演出にかかる芝居を舞台にかけて観客の喝采を浴びる、その心持ちに似通っていたように思えるのである。

春の夕暮れ、園中にそぞろ歩きに出た信鴻は、伊勢屋の家族が見物に来たのを知ると龍華庵に行き、山椒の芽を摘むことにする（安九・3・24）。見物人との遭遇を避け、姿を隠すのは、客に自由に見物させるための配慮であろう。胡弓の稽古をつけに来た芸人の藤一（藤都のこと。藤市とも）と医者の意仙に庭を見せた時には、二人が庭をめぐる様子を「遠隔」にて見る（安四・3・15）。佐々木日向守の妻女が訪れた時にも甘餅《あまもち》を届けて芦辺山から様子を見るし（安九・3・26）、俳諧の師・珠来が伊万里屋五郎兵衛を連れて来た時には遠眼鏡で覗き、藤代峠の山頂で酒を酌み交わしている彼らに陶酒と煮染《にしめ》を持たせる（天二・3・7）。見物人の目に触れない場所から彼らの様子を眺め、その動静に心を配る信鴻のふるまいは、舞台の袖で観客の反応を確かめる舞台監督の姿に重なる。

庭を見せることに心を砕いた王侯ということになれば、ヴェルサイユ宮殿に広大な庭を設けたルイ十四世が思い起こされる。彼は、「ヴェルサイユ庭園見せ方マニュアル」と名付けた案内人のためのマニュアルを自分で書くのだが、そこには、たどるべきルートに加え、立ち止まるべき場所や視線を向ける方向などが細かく定められていた。*22 庭の改変に合わせて何度か書き換えられたこのマニュアルは、噴水の水を噴き上げるタイミングを客たちの通過に合わせる必要から作成されたとも言われ、想定される客は近隣の王侯たちで、外交上の効果をねらってのことであったと考えられているが、最高の状態で自分の庭を見せようとする強い思いのあらわれであることは、まちがいない。

庭は、見せることによって初めて、その価値が世間に知られる。庭が社会的に存在することになる。ルイ十四世ほど強烈ではなかったであろうが、それでも、信鴻は、六義園を見せることで、長い時間と労力をかけて達成した成果を誇らかに示し、自身の作品を提供する満足と喜びを手にしていたに違いないのである。

特別なもてなし

六義園を見せる回数は、表御殿が完成し駒込での生活が軌道に乗り出した安永四年に目立って増え、その後も増加を続ける。安永三年に十組余りであったのが、安永四年になると三十六組、述べ五十人以上、二月から十二月まで、毎月誰かに庭を見せる。庭を見せたのは、藩士とその家族がもっとも多く、次いで、侍女や奉公人の親兄弟、俳諧仲間や芸人などで、この年にはまだ、庭を見せるのは信鴻の身近な人びとに限られる。また、一人での見物がほとんどで、一日一組だけの見物が多い。

安永四年の見物人の中では、江戸到着の挨拶に訪れた江戸勤番の藩士たちが目を引く。この年は参府の年で、参勤の一行は九月一日に江戸に到着するのだが、五日にはさっそく、参府した藩士三組が第一陣として挨拶に訪れ、その後も半月ほどのあいだ、参府に従った家臣が下屋敷を訪れて六義園を見物する。藩士の中には、行列の供奉《ぐぶ》のみで大和郡山に帰る者もいて、暇乞いに来た藩士に園を見せることもある。このように、参勤の挨拶に下屋敷を訪れた藩士たちに園を見せることは恒例であったようで、この後も、参勤の一行が江戸に到着した月には、下屋敷を訪れて園を見物する藩士が増える。

参勤交代に従って江戸を訪れた者たちに庭を見せることは、他藩でも例のないことではなかったようで、和歌山藩の上屋敷・西園では、「此苑容易に拝観を得ずと雖も紀府より供奉乃至《ないし》勤番の士は請願の上允許《いんきょ》せらるるを恒例」としていた（『南紀徳川史』二巻）。

六義園の場合、藩士が願い出たのか、信鴻の意向で見物させたのか、よくわからない。挨拶に来て園を見物しない藩士もいる。だが、園を見せた藩士たちには、住居を見せたり扇や烟袋を与えたりしており、また、国許にいる息子信復《のぶあきら》の使者として訪れた者もいるので、藩士のうちでも個人的な関わりのある者に園を見せているように見受けられる。国許への御《お》暇《いとま》時に藩士の園見物が目立って増えることはないが、参勤と関わりなく種々の理由で大和郡山に帰る藩士が挨拶に訪れた時にも園を見せる。また、藩より榧《かや》の献上に付き従った同心二人（天四・3・5）、将軍の鷹狩り時に下屋敷に詰めた者（天三・3・11）、地震の後、家屋の破損見分のため上屋敷より遣わされた四人（天三・6・6）にも見せている。藩士に六義園を見せることは、特別な任務に対する感謝とねぎらいをあらわす行為であり、特定の藩士に対する信鴻の好意のあらわれであると考えられる。

藩士以外にも、郡山から江戸に出てきて園を見る者もいる。勧化《かんげ》（仏寺の建物の修復や建立のための寄付集め）のために江戸に出てきて龍華庵を訪れた矢田真立寺の僧（安六・6・20）と、坂東秩父巡礼に出てきて上屋敷の長屋に止宿する藩出入りの搗屋《つきや》の妻（安八・6・28）である。この二人は龍華庵の庵主や搗屋の妻の知り合いの侍女・袖岡の口利きで庭を見ることができたのであろう。江戸に出てきて六義園を見た藩士や領民たちは、その壮麗さに目を見張り、彼らの口を通じて、国許にも庭の評判は広まったにちがいない。藩の威信も増すというものである。

上屋敷からの使者にも園を見せるが、六本木の姉からの使者、あるいは、息子の養家や娘の婚家からの使者が園を見物している年もあり、息子や娘たちの下屋敷訪問に従った供の者に見せることもある。これら使者や従者に園を見せることにも、上屋敷からの使者と同様に、任務に対するねぎらいと褒賞の意味合いがあり、さらに、後ろ盾としての実家の豊かさや権勢を目の当たりにさせる働きを有していたであろうことは十分考えられる。俳諧に訪れる大名たちの供にも見せている。しかし、藩士の場合と同様、使者や従者のすべてに園を見せるわけではなく、園を見せる基準は不明で、信鴻の裁量による部分が大きいようである。

ところが、安永四年十一月に上屋敷からの使者として訪れた大山の場合は、六義園を見せることに、好意や報酬以上の特別な意味合いがあったらしいことを示唆する。大山は、上屋敷にいる娘おもん（お千重）の三日市藩主・柳沢式部との婚姻の日取りが決まったことを知らせに来る。信鴻は奥御殿で会い、側近の小枝を同道させて園を見せる（安四・11・25）。この六義園の見物を、使者の職務に対するねぎらいと見ることは可能で、当然その意味合いも含まれていたと考えられるのだが、後年、月見祝いの品を上屋敷から持参した水谷に園を見せていることを考え合わせると（安九・8・15）、庭を見せるのは祝いの日の特別なもてなしであり、そこには、庭を見ることがめでたさを増幅させるとする社会通念があったのではないかと思えてくる。それを裏付けるように、こののち、祝い事に伴う園の見物が、まま見られるのである。

安永八年七月二十六日には、「古屋来る、表にて逢う、広敷へ廻る故酒魚等遣す、園中見せる、みやげに饅頭遣す」。古屋は古屋関左衛門、上屋敷に勤める家臣であり、娘の峰が下屋敷で侍女として働いている。古屋の用向きを信鴻は記していないが、この年十二月、峰は信鴻の四男・珠成とともに長屋で暮らし始めるので、この会見は、父親に珠成と娘との関係を告げ、その関係を正式のものとするためであったと考えられる。この日、信鴻は、花嫁の父を招いて酒と魚を振る舞い、園を見せる。園を見せることは、酒肴の振る舞いと同様に、珠成と峰の婚姻に対する祝いの気持ちのあらわれである。
古屋以前にも、「とき里開《さとびら》き、聟《むこ》・桜川此衛門も来る、園中見する（安六・5・23）」と、婚姻里帰りの挨拶に訪れた藩士の娘であるらしい者とその婿に園を見せている。これも、婚姻に付随した祝儀だと考えられる。

庭にはもともと、広い場所、物事を行う場所の意味がある（『広辞苑』）。もうずいぶん前の事になるが、宮崎県の山奥の村（現東臼杵郡美郷町西郷）を訪ねた時、祭りの準備をしている村人が「今日は庭を作りました」と話してくれた。案内された神社の境内には、短い竹を地面に突き刺して丸く囲っただけの場所が設けられていて、それが庭であった。囲いの内には草も木も石もない。ただ、むきだしの地面があるだけである。片側に薄い幕が下げられ、幕の両端が結ばれた竹竿には祭りの幟がはためいていた。祭りでは、幕の向こうから踊り手が現れて、庭を舞台に、数番の神楽を舞う。その神楽もひと庭、ふた庭と数えるのだった。神楽を舞う場所と神楽を舞う行為、そのどちらもが「にわ」であった。我が国の庭は、本来、神遊びの場であったのである。

江戸時代後期に普及した庭作りの指南書である籬島軒秋里《りとうけんあきさと》の『築山庭造伝後編』は、その序において、家は庭があってはじめて完全なものとなるが、それは、庭が、一に地主鎮《じしゅちん》座《ざ》の地、二に応身堅固《おうじんけんご》の地、三に孫々長久方位の地であるからだとする。土地の守護神の鎮まり座す場、つまり神仏の遊ぶ清浄な場を屋敷に設けることで悪が退散し、家門繁盛して、子孫もまた永く栄える。江戸時代においても、地霊の守護の下にある聖なる地として庭を見る見方と、庭と所有者の運命が深く結びついているとする意識は、生き続けていたことになる。花に満ちた常春の場として描かれることにも、庭を祝福された理想郷であるとする意識はあらわれていた。そうであるならば、祝いの日の庭見物に儀礼的意味合いがあったと考えることは、十分可能である。婚姻に際して庭を見ることには、めでたさを祝うとともに、新しく人生を始める者たちの将来の繁栄を堅固にするための、祈りが込められていたことになる。

祝儀として庭を見せるのは、婚姻の場合だけではない。

侍女の谷の母親には、谷が信鴻の子・金子（おかね）を産んだ時に庭を見せる。谷は江戸二葉町の塗師《ぬしや》屋の娘であり、出産にあたり母親が下屋敷に滞在するのだが、谷の床上げの日、信鴻は帰宅を翌日に控えた母親を庭に連れ出す。谷のこの時の身分は仲老格、奥女中では最高職の年寄りに次ぐ身分であるが侍女であることに変わりない。彼女は前年に娘・利知子を一歳で亡くしており、母親が娘の将来に対して一抹の不安を感じていたとしてもおかしくない。信鴻直々の案内による庭見物は、信鴻の特別な好意を示すことで、谷の行く末について母親に安心感をもたらす働きを有したであろうことは否めないが、子どもの誕生を共に祝い、その将来の安寧を確実なものとする祈りの意味合いが含まれていたとも考えられる。また、お隆付きの侍女である礼の姉に子どもが生まれた時、お隆が名をつけるが（安五・3・25）、後日、挨拶に訪れた姉にも園を見せている。ここにも、子の誕生を祝い、その健やかな成育を願う祝意を見ることができる。

さらに、滝弥兵衛が下屋敷の用人に任じられ初めて役を務める日、挨拶に訪れた滝は薄桜樽酒を贈り、信鴻は「滝に園中見せる（安八・8・28）」。この日六義園を見せたのは、挨拶に対する礼であり、要職に就いた滝の将来が栄えることを願う信鴻からの祝いである。米社が任官の挨拶に狩衣《かりぎぬ》姿で御霊前参拝に訪れた時には供の者に庭を見せて祝いとする（安九・8・18）。魚游（歌舞伎役者中村茂十郎）が剃髪することになり、挨拶にきた時にも庭を見せる（天二・6・18）。魚游は、以前、俳諧仲間とともに園を訪れている。したがって、この庭見物には、仏門に入り新たな人生を始めようとする魚游の門出を祝う、特別な意味があったと考えてよいだろう。

建物の完成も園を見せることで祝われる。奥居間の棟上げ祝いの日、信鴻は、餅投げに集まった「家中児輩数十」に園を見せる（安三・9・26）。新築祝いに大勢の人びとが園を見ることは、地主の神を喜ばせ、建物の長久を願う心持ちのあらわれである。

六義園は、晴れの日に見るにふさわしい場所、見るべき場所であった。とするならば、奉公人の親族が、新規召し抱えや暇乞い等、節目節目の挨拶に訪れた時に庭を見せられるのも、就任祝いであり、はなむけであり、その先に続く生活の幸を願ってのこととも考えられる。

もちろん、園を見せる契機はさまざまであり、もっと気軽に見せる場合のほうがはるかに多い。三味線師匠・中村中に園を見せたのは、彼女の芸を気に入り新しく近づきになるための挨拶代わりであり、芸への褒賞であろう。芝居好きの信鴻は、侍女を召し抱える時、踊りや浄瑠璃の技量を見て決めるのだが、中村伝次郎の門弟・さえの踊《おどり》目見《めみえ》に中が地弾《じびき》として付いて来る。伝次郎は中村座で振り付けを行う当代随一の呼び声高い振付師であり、中はその娘である。信鴻はこの日、鹿子道成寺を中に踊らせたのち園を見せるのである（安四・2・23）。彼女はこの後たびたび下屋敷を訪れるようになり、後に伝次郎を連れて来る。この時にも信鴻は、二人に「吸い物等ふる廻、園中見せる（安六・5・2）」。茶屋の主人であるらしい松賀屋きよが、抱えの芸者を連れてきた時にも、信鴻は、珠成やお隆とともに園中を廻り、夜にはお隆や谷に、遊里や宴席で歌われる深川騒唄《さわぎうた》を習わせる（安七・10・17）。芸人に六義園を見せることは、心付けの色合いを帯びている。

高野山の江戸在番所・高野寺の成慶院はたびたび下屋敷を訪れており、時に信鴻が園に伴うこともあるのだが、奥の者たちが密教の呪法の一つである九字護身法の伝授を受けた日に、紋縮緬間《もんちりめんあい》着《ぎ》単衣《ひとえ》を与え、園中を見せる（安八・2・9）。この場合も、特別に依頼した仕事に対する心付けであると見ることができる。

村井の長男八十八は、生まれて程なくして王子下村の百姓に預けられるが、その百姓が長屋に尋ねてきた時、信鴻は、園中を見せ、塩鱸《すずき》を遣わす（安九・7・5）。八十八は弟の甚三郎とともに下屋敷に滞在することもあり、信鴻に可愛がられていた。彼の世話をした者に六義園を見せ、大名屋敷の奥深くに秘蔵された特別な場所を目にするめったにない機会を与えたことに、信鴻の、八十八に対する、ひいては村井やお隆に対する気持ちがあらわれている。

信鴻は、時に、親しい訪問者を庭に連れ出し、摘み草や花を楽しむ。古くからの家臣で俳諧をともに楽しむ米貫が訪れると、「召し連れ庭を廻り、蒲公を摘む（安四・4・10）」。医師の玄杏が訪れた時も、「玄杏召し連れ園中を廻り、笋を取りつかわす（安四・5・12）」。母の兄の子・米洲が来た時には、「園中花盛りゆえ召し連れ」、蕨《わらび》を折る（安七・3・23）。胡弓の稽古をつけに訪れた藤市（藤都）に稽古が終わると庭を見せたのも、花の季節である（安四・3・15）。

このほかにも、側近・新井の従兄弟、侍女・袖岡の伯母、医師・仙宅の小泉藩親族、俳諧宗匠たちと、身分も信鴻との関係も異なるさまざまな人びとに、信鴻は園を見せる。園を見ることのできた人びとの下屋敷訪問の理由はそれぞれに異なり、訪問の理由が不明の者も多い。それに、信鴻は、誰にでも、いつでも、庭を見せるわけではなく、庭を見せる契機はわからないことが多い。また、園の見物を目的に下屋敷を訪れたのは、安永四年の場合、俳諧宗匠・珠来の一行と駒込片町の円通寺の僧たち二組だけであり、他の者たちは皆、それぞれ、なんらかの用件で下屋敷を訪れて園を見ることになる。信鴻にとって、下屋敷の訪問者に園を見せることは訪問者に対する特別なもてなしであり、訪問者にとっては、思いがけない仕合せ、喜びであり、信鴻の好意をいっそう感じる機会となる。下屋敷を訪れる人びとに園を見せることは、信鴻と見せられる者との間にある関係を形にする行為である。

行楽地・六義園

遊覧化する庭見物

信鴻が六義園を見せる人びとは、年を追うごとに増える。それも、安永八年までは五十組に満たなかった見物人が安永九年には百三十組以上と急増し、その後も毎年、ほぼ百組以上の人びとが園の見物を目的に下屋敷を訪れるようになる。グループでの見物が増え、一日に何組ものグループに園を見せる日もある。天明三年になると、部外者の見物件数は、信鴻の関係者の件数に匹敵するほどに増加し、それも、躑躅《つつじ》や藤が満開となる四月に集中する（二二三五頁、表❷）。

安永九年に信鴻が、菊作りの専門家に依頼して本格的な菊花壇を設けたことはすでに見た。安永九年九月と十月の五十組を超える見物人の多くは、この花壇を見物する人びとである。この年は、九月の半ばから十一月初めまで菊見の人びとが絶えない。十月八日に菊花壇作りをまかせた馬龍に贈った歌の詞書で信鴻が、「今年、清川何某、わが園のうちに色々の菊を移し植えたるが世に稀に咲き揃い、年に稀なる人さえつどい来りて、誉《ほまれ》物し侍る」と述べているところを見ると、信鴻は自慢の菊を見せるため方々へ案内を出し、見物を誘ったのであろう。また十九日と二十二日には歌舞伎が催され、芝居見物の人びとにもあたらしく作った菊花壇は披露される。菊見の客の中には、前町や巣鴨など屋敷周辺の町家の人びとに混じり、御鷹匠や御薬園の御家人夫婦、伝馬町の足袋屋、田沼意次家中、それに雪川《せっせん》の母もいた。雪川は、茶人として知られる出雲松江藩主・松平治郷《はるさと》の弟衍親《のぶちか》である。彼も俳諧をよくし、信鴻と親しい清秋（伊勢神戸藩主・本多忠永）とともに句集を編んでいるので、信鴻とも親交があったのかもしれない。

しかしながら、見物人増加の要因は菊花壇だけとも考え難い。この年は、三月と四月を合わせた見物人も六十組と秋に匹敵し、前年の倍以上となっているからである。また菊花壇を取り払った天明四年にも見物人のきわだった減少は見られない。それに、安永九年以降は、件数が増加するばかりでなく、見物に訪れる人びとにも変化が認められる。安永八年と安永九年の見物人の内訳を較べてみると、その違いは歴然とする。安永九年には、前年にはほとんど見られなかった、信鴻と直接関係のない、いわば部外者の庭見物がきわだって多くなる。見物人は十月にもっとも多いので、菊花壇は部外者が六義園を訪れるきっかけであったことはいなめない。だが、三月、「園中桜真っ盛り」と記された日に本屋・小川同伴五人、数日後に建部氏奥女中六人、町人一人、近所町屋の妻女八人と続き、四月には尾張町の呉服屋・恵比寿屋の手代二人が訪れるなど、春にも部外者の見物が増えている。それも、近所の者たちばかりでなく、大名家の奥女中や尾張町で名の知られた呉服屋の手代など、訪れる人の範囲も広がる。

見物人増加の直接の原因ははっきりしない。しかしながら、安永の頃から江戸で郊外の遊覧が盛んになることとの関係は一考に値する。巣鴨や駒込の植木屋の庭は菊の名所とされていたし、桜の飛鳥山、西ヶ原牡丹屋敷、王子稲荷と、見所の多い下屋敷周辺は、当時、遊覧の場所として知られるようになっていた。したがって、この地を訪れる遊覧の人びとの増加とともに、六義園の見物に訪れる人びとが増えたことは十分考えられるのである。さらに、当時、個人の庭が名所として遊覧の人びとの訪れる場所となっていたことも、理由の一つに数えられるかもしれない。先の花暦は、牡丹の名所・西ヶ原牡丹屋太左衛門の花壇を、「尤《もっと》も、売物ならねばみだりに入れず、勝手より案内を乞いて見物すべし」と、個人の庭も案内を乞えば見物できると述べている。大名庭園と一般庶民の庭を同列に考えることには無理があるとしても、「案内を乞いて」見物する点で、六義園の見物は、この系列に連なる庭の楽しみ方だといえよう。

それをあらわすように、芝居茶屋・松屋の市兵衛に園を見せた時には、連れ二人に子ども一人が一緒で、王子参詣の途中に立ち寄ったとのことであった（安八・5・11）。また、「秀来る、柚貰う、母同道王子へ行きし由、庭を見物（天元・9・19）」と、退職した侍女だと思われる秀も、王子参詣の帰りに母親連れで訪れ、園を見る。六義園が、王子への遊覧ルートに組み込まれていることを窺わせる。

一方、六義園においても、安永九年までに屋敷の整備があらまし終わり、園内には、蠱《こ》上《じよう》亭・茅屋・腰掛け茶屋の茶屋が設けられ、久護《ひさもり》稲荷社が再建され、秋葉社が勧請される。この年二月には水分石《みずわけいし》の橋付近に新たに藤棚を設け、翌天明元年十月になると、「六義園絵図に合わせ、所々の名を札にかき」、十一月には「今日より園中名所、碑石所々たてる」と、吉保の定めた景を園内に復活させる。移転以来続けてきた園の復興が完成したしるしである。菊花壇の設置とともに、見物人を迎える準備が整ったといえる。

それをあらわすように、安永九年以降、家族連れの見物人が増える。下屋敷で働く藩士や使用人の親族も、親兄弟といった近親者ばかりではなく遠縁の者が、こちらも女や子どもを交えて、庭見物を目的に大勢で訪れる姿が目につくようになる。「五十嵐縁者・婦人五、六人、小女二、三人、男七、八人（天元・4・15）」、「和助妻族・日本橋伊勢屋忠兵衛家内（天三・2・5）」、と、縁者や妻の親類へと見物人が広がる。彼らは、「沢田親族・武家五人に若党三人中間三人児二人婦人十二人（天三・9・14）」と、遠い親戚のつながりを頼りに数家族で訪れ、「福原妻・弟・嫁、其の外家中子ども（天二・3・25）」と、よその家の子どもも一緒に連れて来る。安永七年に「家内残らず」庭見物に来たことのある薪屋吟八も、天明元年には、「家内類縁・婦人九人、銀八兄真言法師・舅・下男等、総じて二十人（天元・9・28）」と、一族総出である。

なかでも際立つのは、子ども連れの女たちの多さである。武家であると町人であると、あるいは、信鴻の関係者であると部外者であるとを問わず、女たちが大勢で訪れる。天明三年には晩春から初夏にかけての見物が特に多く、四月には、新屋敷大番衆家内・老尼婦人に少女僕婢・合わせて十人、巣鴨旗本家内・女上下十四、五人に侍四、五人医者一人、片町清水屋家内・婦人三人と小女《こおんな》一人、前町婦人十余人、片町の者十五人、あるいは、京橋 簪《かんざし》問屋《どんや》家内・女六人男四、五人に子ども三人が訪れ、五月になると藤堂家中・武士二人尼一人女六人児四人僕一人が訪れる。屋敷近くの町家の商家も京橋の大店も、旗本や諸侯の藩士も、「家内」、つまり、女や子どもに供や召使が付き従い、十人以上のグループで訪れるのである。そして、この婦人のグループや家族連れの庭見物は、春の花と秋の紅葉の季節に集中する。

井原西鶴の「姿姫路清十郎物語（『好色五人女』巻の一）」は元禄の頃の物語であるが、姫路の大商人但島屋一家の花見の光景を描く。春の野遊びというので女中駕籠をつらねて、高砂の浜へ花見に出かけた女たちが、草摘みを楽しみ、草原に花筵《はなむしろ》毛氈《もうせん》を敷かせて弁当を食べ一日を過ごす。この場面の見所は、供として付き従った手代の清十郎がかねてから相思相愛の主家の娘・お夏と思いを遂げる点にあるが、商家の女たちが一家をあげて花見に出かけ、自由な雰囲気のもと酒盛りを楽しむ風習の存在が、それを可能にする。

六義園での「家内」の庭見物もまた、この、女たちが大勢で行う花見の伝統に連なる行楽であるように見受けられる。多くの見物人は園内の逍遥のみで、毛氈を広げることはなかったのであろうが、四月に訪れた巣鴨の旗本・加治久五郎の家内上下一行に、信鴻は、最中と干餅を届ける（4・21）。この時は、旗本の奥に暮らす女性たちが、侍と医師を供に、こぞって訪れたとおぼしい。彼女たちは信鴻からの菓子を味わいながら、庭での時間をゆったりと過ごしたにちがいない。杜鵑《ほととぎす》の声が響き、躑躅《つつじ》が新緑にあざやかであったであろう。摘み草を楽しんだのかどうかはわからない。しかし以前信鴻は、土筆摘みにきた十人ほどの家臣の妻女に、茶と煎餅などを与えており（安六・3・6）、摘み草もまったくありえないことではない。大番衆・飯田十右衛門が弟や水戸藩士とその妻たちを伴い見物にきた時には、「所望につき、発句短冊六葉書き遣わす（天元・10・9）」。庭見物の機会をとらえて信鴻の短冊を願い出ることを許す開放的な雰囲気が、六義園の見物にはあったらしい。

もちろん、女と子どもだけが見物人ではない。天明三年に限っても、女や子ども以外の見物人の中には、医師・立花玄立父子と弟子（2・29）、本郷の古着屋・倉田屋仲間五人（4・5）、蔵前の米屋・上州屋ほか四人と下男三人（6・13）といった同業者の仲間、藤堂山城家中二人（3・15）、土井家中五人（3・25）、細川能州臣五人（4・11）といった諸藩の藩士たち、小石川白山御殿辺旗本衆四人（4・12）のような男だけのグループもある。さらに、御駕部屋衆四人に女一人、金座・後藤手代六人に婦人三人（6・10）といった幕府の役人、練馬村名主の息子（5・1）、吉原の人気茶屋丁子屋の看板遊女・名山《なやま》と妹芸者など、六義園の見物人は多岐にわたる。水府医師（4・3）や岩槻の名主と同行者三人（6・22）のように、江戸以外の土地の者もいる。一組の中に身分や地位の異なる人びとが混じることも多い。名に聞こえた浄瑠璃太夫の十寸見《ますみ》東佐は武家三人と一緒に訪れ（10・25）、下谷天元寺と池之端南全寺・松慶寺の僧と弟子たち二十人ばかりの一行は「俗児輩」、つまり一般人や子どもを伴っていた（10・27）。すぐ近くの土物店に住む仕立屋の庄助は、一人で梅雨の晴れ間の一日に（6・5）、木挽町辺町家の母は、召使の男一人を供に菊花壇を見に訪れる（10・24）。一日に何組もの見物人が訪れる日もある。身分も職業も異なる人びとが思い思いに連れ立ち、あるいは一人で、入れ替わり立ち替わり庭を楽しむ姿を常に見ることのできる場所に、六義園はなっていくのである。

園中を貸す

ごく親しい身近な者に限られていたようであるが、半日ほど、六義園を貸切りで自由に使わせることがある。移転の翌年の秋には、俳諧宗匠の菊堂が俳諧仲間十人ほどを案内し、以前からの約束で、信鴻が芝居町の茶屋飾りを見物に出かけた留守に、午後の園を楽しむ（安三・10・28）。翌年杜鵑《ほととぎす》の季節には、これも俳諧の師・珠来が、俳諧仲間四人を連れて庭見物に来る。「兼而予は不逢様に珠来より願来る故逢わず」と、珠来もまた信鴻抜きでの庭見物を希望し、二時過ぎから暮れ過ぎまでを園内で過ごして帰る（安四・5・29）。安永八年になると、再度訪れた菊堂一行の庭見物の記述に、「園中を貸し、茅屋にて日暮迄遊び帰る、甘モチ遣す（3・5）」と、「園中を貸し」の言葉があらわれる。菊堂一行は子ども連れであり、俳諧より野遊びが目的であったであろうことも指摘できる。この日、信鴻は、園中でお隆と一緒に蕨《わらび》や薇《ぜんまい》を採るが、菊堂たちに会うことはない。この年にはまた、「松悦小舅・侍三四人・町人二三人園中見物に来り、茅廬貸す（4・16）」と、侍医の松悦の妻の兄弟にも茶屋を貸す。彼は、侍と町人からなるグループで現れているので、楽しみは茶屋での酒宴にあったと考えられる。

息子や屋敷で働く者たちにも、園中を貸す。天明元年四月には米社が、横瀬侍従の和歌の会に園を貸したいと、歌題「夏山家」を持参する（4・24）。翌年には「近侍の者共へ園中貸し、遊ばしむ（天二・3・5）」と、側近の花見にも「園中貸し」の言葉が使われる。この時も信鴻は味醂酒を届けるだけで、花見に加わることはない。信鴻の目を気にせず自由に園内を楽しむ機会を提供することが行われ、それが貸すと呼ばれたことになる。

親しい者の家の庭で一日を自由に過ごすことは、この時代、ほかでも行われていたことは、先に見た井関隆子の新見正路の下屋敷での栗拾いに窺うことができるが、彼女は、春にも新見の屋敷に家族総出で出かけ、一日を過ごしている（天保十一・3・21）。かねてから、「花紅葉のおりおり遊び所にものせよ」との申し出があり、女子どもの花見に出かけた彼女たちは、園内で蕨採や凧揚げに興じたのち、亭で弁当を開き酒を飲んで夕方まで遊んだ。たびたびの庭利用は、この下屋敷が以前、井関家の所有であったことにもよるのであろうが、所有者との関係が密な場合には、他家の庭を借りて、大勢が一日を自由に過ごすことはまれではなかったらしいのである。この年の春は、日暮里付近で酔っ払った田舎侍が花見の席に斬り掛かり騒ぎになったので、人混みの花見を避けて新見の屋敷の花見になったのだと彼女は記す。[*23] 個人の庭での行楽は、人目を気にせず自由に楽しむことができることに加え、女や子どもにとって、安全という点からも魅力であった。

灌仏の園開放

四月八日は釈迦の誕生日だとされ、江戸の寺院では、灌仏会が執り行われた。花まつりとも称される灌仏会では、花御堂に誕生仏を安置して甘茶を注ぎかけ供養する。龍華庵でも、信鴻の下屋敷での最初の灌仏となる安永三年四月八日、庵主義範がねだり、御堂をお隆が、誕生仏像を奥勤めの者たちが寄進して灌仏会が執り行われた。信鴻はお隆とともに供を従えて龍華庵に赴き、参詣に訪れていた家中の女たちに六義園を見せる。翌四年には

「今日灌仏故家中の妻子へ庭をみせる」と、園の開放が灌仏を理由とすることが述べられる。もっともこの園開放は、「今日誕生会につき、昨夜恵三より家中庭見物願い来る、婦人計と申し遣わす処、今日男児等庭へ入る故、穴沢・山本に命じ出さしむ（安五・4・8）」と、許可されるのは婦人だけで、許可以外の者は締め出す厳しいものである。翌六年の灌仏会に庵主の白堂（義範）より「甘茶来る、家中婦人園中見物願申来る」とあるところからも、灌仏会の六義園見物は龍華庵からの願いで毎年行われる灌仏会に付随する行事で、婦人にのみ見物が許されていたことがわかる。

ところが、安永九年になると灌仏会の園見物に前町の者たちが加わる。天明二年に「例年のごとく家中婦人園中見する、清兵衛願い、前町の者共園中へ入る」とあるので、前町の者たちの園見物は清兵衛が願い出て実現したことになる。翌三年の四月八日にも、清兵衛案内の「前町婦人十余人供男女五、六人」が園を見物するが、一行には供に名を借りた男女が加わる。そして、この年はさらに、和助が案内する片町の者十五人も園内に入る。片町は前町に隣り合う町である。近所からの見物人の範囲が広がっている事になる。この後も、「灌仏につき家中前町の婦人に園中見する（天四・4・8）」と、灌仏には家中や近所の女たちが園を見に訪れる。

四月八日は、江戸では寺院が庭を開放する日とされていた。安永四年四月八日には、信鴻も米社と珠成を連れに、「灌仏会につき伝通院・護持院等庭をみする日ゆえ」と、近くの寺の庭を見に出かける。立夏のこの日は晴れて、霞が薄くかかり南風がさわやかであった。まず、小石川の伝通院に行くが、庭見物の人びとで賑わう境内で池を廻り築山を上り下りするうちに閉門の時間となる。そこで、護持院をあきらめ、近くの祥雲寺の庭を楽しんだのち、前町で花屋の鉢植えを見、屋敷前の庄八の庭で霧島躑躅を見て、夕暮れに帰宅する。

『増補江戸年中行事』四月八日の条は、釈尊誕生、諸寺院参詣に続けて、護持院と境内を同じくする護国寺の山開きを伝えるが、『東都歳事記』は、この日を「大塚護国寺（護持院庭中山びらきあり）」と、護持院庭中の山開きとする。同書は三月二十一日の条にも、「大塚護国寺　今日護持院山開きあり、見物をゆるす」とあり、ならべて、「深川永代寺今日より四月十五日迄、庭中見物をゆるし、貴賤日毎に群衆す。是を山開きという」と、護持院だけでなく永代寺でもこの時期庭が開放され、山開きと呼ばれて見物の人びとで賑わったことを記す。江戸には広大な庭を構えている寺院が多く、霧島躑躅が見ごろとなるこの頃の寺院の庭をめぐることは、江戸の人びとにとって楽しみな行楽であったにちがいない。この日は、山の神が田に降りてくるのを迎え祭る日でもあり、「卯月八日」と称されて民間では種々の行事が執り行われ、山神を祭り、あるいは山開きを行う風習が知られている。寺院の庭の「山開き」にこの風習との関連を見出し、庭と山との関係の可能性を探ることもできそうだが、当面は、伝通院の賑わいに、庭の見物が、この頃庶民の行楽として定着していたことを知れば十分である。

六義園でも寺院の山開きの風習にならって、家中の女たちに園の見物を許したのであろう。前町や片町の女たちへとその対象が広がったことは、六義園の見物が遊覧化し、仏事を契機としていた園の開放が遊覧的要素を強めていることのあらわれであると考えられる。

伝手《つて》を頼る庭見物

仲介者たち

信鴻と直接関係のない者たちの庭見物が増えるにつれ、日記中には、同道・案内・願い・世話・取次といった、庭見物の仲介者の存在を示す言葉がたびたびあらわれるようになる。信鴻と直接関係のない人びとは、仲介者を通じて、つまり伝手を頼って、庭を見物した。この仲介者も、年とともに広がりをみせる。

仲介者の資格には特に決まりはないようで、さまざまな人が仲介を行うが、最も多く仲介の労をとるのは、信鴻と日常的に接する側近の家臣たちである。彼らを通じて、他藩の藩士、旗本や御家人、与力に鷹匠、大店の町人、山下塗師《ぬし》といった職人、医師、僧侶など身分や職業の異なる人びとが庭を見る。見物人の中には相模領奈良村名主や遠州浜松の親類など江戸の外に住む者たちもいる。上屋敷を始めとする郡山藩の江戸屋敷で働く藩士たちも、庭の見物を彼らに頼む。

彼らと庭を見物する者との関係はさまざまである。溝口と源助たちが同道した本郷御弓町の同心・浅田新治は、彼らの太鼓の師匠であった（安九・3・17）。溝口たちは、下屋敷で興行する歌舞伎芝居の囃子方として太鼓を習っていたのかもしれない。一方、松本の願いにより訪れた播磨麻田藩建部氏・奥女中六人連れは、藩士・渡辺武八郎の妻の妹が建部氏の奥に仕える縁で、見物に来ている（安九・3・12）。おそらく上屋敷に働く渡辺が妻に頼まれて松本に話を通し、松本が信鴻に願い出たということであろう。彼女たちは翌、天明元年四月にも、今度は、七十歳ばかりの尼と十五、六歳の息女に供を従えて、あわせて二十人余りで訪れる。尼は前藩主の室であるという。侍女たちに庭の見事さを聞き、隠居した奥方と姫が心を動かされ、同じ伝手を使って庭訪問が実現したと考えられる。また、「昨日、角《かど》伊勢屋へ伊勢よりの旅客来る、松崎願いにて園中見せる（天元・2・17）」と、家臣が屋敷近くの商家から、遠来の客の庭見物を頼まれることもある。

家臣たちはいずれも、個人的なつながりで庭見物の仲介をするのだが、庭係の和助の仲介は少々性格が異なるかもしれない。和助の仲介する見物人は年とともにふえ、安永九年は三組であったのが、天明二年は九組、天明四年は十一組となる。和助は特に、他藩の藩士を仲介することが多く、このうち、伊勢亀山侯の臣七人と申し出のあった一行には、藩主の石川総博《ふさひろ》の姿があった（天二・3・27）。忍びの庭見物である。庭仕事に携わる和助は、役職として庭見物を受け付ける窓口的な役割を担っていたのかもしれない。

家臣や侍女たちの仲介で最も多いのは、親類である。それも、下山が「嫂《あによめ》の叔父（天二・10・1）」を、坐光寺が「妻縁の者二人（天元・1・10）」を、侍女の鳥が「遠州浜松の親族・四十ばかりの婦人と供（安九・8・29）」を仲介したように、次第に縁の遠い者たちの庭見物が増える。「妻の兄」「知己」「縁者」「親族」などと記された仲介者と見物人の関係は、遠いつながりを頼りに、人びとが六義園の見物を申し出たらしいことをうかがわせて微笑ましい。

庭師の清兵衛も仲介者となる。彼が案内するのは、灌仏に前町の者たちの見物を願い出たように、まず、下屋敷の近所の者たちである。灌仏以外にも、安永九年十月には菊花壇に、清兵衛の妻たち四、五人（10・3）と近所の者四、五人（10・11）を案内し、翌、天明元年十月にも、前町の町人と婦人たちが清兵衛の世話で園を見る。彼はまた、日本橋や両国の町人を案内するし、将軍の鷹狩の折には、供の鳥見《とりみ》の庭見物を取り次ぐ（天三・3・11）。そのほかにも、新屋敷に住む大番衆の家内七人（天三・4・12）、藤堂家中（天三・10・10）など、旗本の家族や他藩の藩士を案内する。さらに洞津《あなつ》家中三人・僕七人に清兵衛の願いで庭を見せた時には、藤堂家の若殿が忍びで訪れ、「若殿と見え婦人六、七人、刀など持来る（天四・3・19）」一行を、信鴻は物陰で見物する。

清兵衛の案内する人びとが多岐にわたることは、清兵衛の交際の広さをものがたる。火事や盗賊騒ぎの時の働きに見たように、清兵衛は前町でも重きを置かれる立場にあり、その立場が下屋敷周辺の人びとの庭見物の世話につながっていたと考えられる。一方で、庭師として駒込の下屋敷のほかにも大名や武家の屋敷に出入りしていた可能性があり、そうだとすれば、庭仕事を通じた人脈が六義園を見物したい人びとの伝手として頼りにされたのであろう。

そのほかには、俳諧仲間で妙義坂の茶屋の主人笠志が、「洞津侯家中の武士二人と婦人二、三人（天二・10・9）」を案内し、信鴻の胡弓の師である藤都の願いで侍や医師を従えた旗本の後室一行に庭を見せる（天四・3・8）。菊作りの馬龍も、「中谷後家其外数人（天元・10・3）」を案内し、昵懇の芝居茶屋・松屋市衛門もまた、餅屋や醬油屋を同道するのである（天元・7・23）。このように、出入りの商人や職人、趣味の仲間、芸人など、信鴻をとりまくさまざまな人びとの仲介は年とともに増えていく。

天明年間にはさらに、六義園を見物したことのある屋敷近くの住人が、庭見物の仲介を始める。

その皮切りとなるのは、駒込円通寺の住職である。彼は、安永四年、まだ庭見物に訪れ

	信濃関係者				部外者					
	藩士及びその親族	使用人の近親者	友人・知人	出入の者その他	武家	医者・僧侶	町人	農民	混合	不明
安永８年（1779年）										
１月	●	●		●						
２月	●●●	●●	●●							
３月	●●●●●	●●	●●	●●●●		●				
４月	●	●		●					●	
５月		●		●●						
６月		●		●						
７月	●●●	●		●●						
８月	●●	●								
９月	●		●●							
10月	●	●●●	●●●	●						
11月				●						
12月			●							
天明３年（1783年）										
１月	●		●●							
２月	●	●	●		●	●				
３月	●●●●●●	●●	●●		●●●		●●		●	●●
４月	●●●●●●	●	●	●●	●●●●●●●●●●●	●●	●●●●●●●●●●●●●●		●	
５月	●●●●●●●●	●		●●●	●●●	●	●●	●		
６月	●●●●	●		●	●●		●●●	●		
７月	●●				●					
８月	●			●●●●		●	●			
９月	●●●				●●		●●			
10月	●●●●●●	●●	●●●●●●●	●	●●●●	●●	●●●●●		●●	
11月		●●	●		●		●			
12月	●	●								

注：●は一件を示す。一件の人数はひとりからグループまで

表❷ 見物人の内訳と件数の変化

る人びとがほとんどいない時期に庭を見に来ていたのだが、安永九年秋に千駄木や谷中の僧たちを伴って菊花壇の見物に訪れ、天明二年からは、桜や菊の季節に僧や武士たちを案内する。

巣鴨の美濃屋と白山竹町の井筒屋も天明元年に、見物人を連れてくる。前年秋、美濃屋は男女九人、井筒屋は家族連れで菊花壇の見物に訪れており、この菊見が仲介のきっかけになったらしく、まず、美濃屋が花の時期に男女数人の見物を願い出(3・16)、菊の時期にも鳩ヶ谷の本陣の者たちの見物を取りはからう(9・29)。井筒屋は、この年の夏に、深川の相撲年寄・白玉由右衛門と浦風与八(閏5・11)、白山の相撲取りを伴い(閏5・20)、菊の季節には六人の見物人を連れて六義園を訪れる(10・7)。ちなみに、浦風与八は、現在も伝わる相撲の年寄名跡・浦風の初代(二代とも)で、未曾有の強力士・雷電為右衛門の師として知られる。

さらに、「土物店・伏見屋[小間物屋]園中見する(天元・4・9)」とある小間物屋の伏見屋与兵衛が、何組もの見物人をもたらす。彼は、下屋敷の小間物御用を勤めていたのかもしれない。天明元年に初めて庭見物に来た時には四、五人連れで、そのうち二人は嬰児であったというから、家族で庭見物に訪れているのだが、翌、天明二年十月になると、九日に伊勢屋や西宮屋の一行を案内し、二十五日にまた、今度は、先に案内した者たちの家族のほかに二家族を加え、「男女老少二十三人」を引き連れて、信鴻が湯島参詣に出かけた留守に、園の見物に来る。九日の見物の話を聞いた家族が知り合いを誘い、伏見屋に再度の仲介を依頼したにちがいない。そして天明三年には、さらに、春から夏にかけて、吉見屋藤兵衛外七人(3・18)、京橋簪《かんざし》問屋・宇都宮家内・婦人六人男四、五人子ども三人(4・19)、蔵前の米屋五人(6・13)の三組を次々に案内する。このうち、簪問屋の婦人は、伏見屋が来て美人だと告げていたが、「二十二、三勝《かち》たることなし」と信鴻は書きとめる。「取引先の簪問屋の家族がお庭を拝見したいと言っているのですが、いかがでしょう。奥さんはなかなか美人ですよ」と話を持ちかけ、信鴻も心待ちにしていたのが、期待外れに終わったことになる。

「縁」のひろがり

天明四年三月、庭見物に訪れた永井三郎兵衛主従四人が、信鴻付きの侍女・袖岡のもとで働いていた女の仲介で園を見る(天四・3・6)。ところが、名前から武家と思われる彼が庭を訪れて二週間ほど過ぎた頃、永井の妻より袖岡に、「傍輩数人、永井案内にて来たき由」と、知り合いの庭見物を願う手紙が届く。信鴻が承知すると、さっそくその日の昼過ぎに、三郎兵衛の案内で「主人四人、僕四人」が現れ、園を見る(3・19)。

地縁ではなく、侍女を通じた女性同士のつながりがこの庭見物を実現させていることも興味深いが、「この程、袖岡先に召し遣《つか》いし女の縁にて園中見せし永井」と、信鴻が庭を見せる契機を「縁」と捉えていることに注目させられる。これまで見てきたように、信鴻の周囲にいるさまざまな人びとが園の見物を仲介するが、仲介者の持つ人のつながり、つまり縁が、六義園に見物人をもたらす。その縁が、口コミにより、しだいに遠くへと広がっていく様子を、永井の例に見ることができる。

見物人のひろがりは縁のひろがりである。このことは、仲介者を介することにより、見る方も見せる方も、互いに相手を特定できる存在になることを意味する。不特定多数に開かれていながら個人的でもある関係が、六義園を媒介として成立したとも言える。伝手は、囲われた個人的な空間である庭、それも大名屋敷の奥深く閉ざされた庭を、個人的空間の性格を保持しつつ、身分社会において、不特定多数の人びとに開くためのキーであった。

さらに、永井の庭見物には、その経緯にある種の気安さが見て取れることも指摘できる。もっとも、身近な者からの頼みで急に園を見せることは珍しくない。安永九年三月、園内の桜がほころび、信鴻とお隆が園中で蕨《わらび》採りや摘み草を楽しんだ日の午後、「口哲、家内親族召連れ鶯裡《おうり》方迄来り、園中見度《みたき》由願うにつき使い来り」と口哲が庭見物を希望していることを、息子・珠成の妻の峰が知らせに来る。承知するとほどなく、鶯裡の案内で、女五人と男五人からなる口哲の家族が訪れ、二時間ほど園を見物して帰って行く（3・19）。口哲は信鴻の歯の治療をする歯医者であり（安七・7・13）、鶯裡は俳諧宗匠である。花見の時期でもあり、六義園の見物を目当てに口哲が鶯裡を訪ね、鶯裡が長屋に住む珠成に頼み、妻の峰が信鴻のもとに知らせたと考えられる。永井が訪れた日にも、藤堂家中の中村庄太夫が親族を引き連れ、家臣の米魚方を訪れて仲介を頼み、園を見ている。伝手のルートがあらかじめ定まっていたのか、それとも、状況に応じて人を頼んだのかはわからない。ただ、しかるべき伝手を使えば、面倒な手続きなしに、その日のうちに園を見ることができたのである。

ある秋の夕べ、お隆と園内を散歩していた信鴻は、「森・大井家長、園中見たき由願う」と、藩士二人の庭見物の希望を告げられてすぐに見せる（天三・10・15）、あるいは「町人一人、庭見に来たり、予を見て隠《かく》る、故に木村に案内させ、見する（安九・3・12）」と、仲介者なしに一人で直接訪れた、町人としかわからない人物に、園を見せたこともある。家臣の下山の妻の兄が、僧侶や医師などを連れて現れ庭見物を願った時、すでに見物人がいるので少し待つように告げるが、待ちきれずに帰ってしまったこともある（天三・3・19）。

このように見てくると、六義園の見物は、それほどむずかしいことではなかったようにも受け取れる。しかしながら、願い出れば誰にでも園を見せたわけではなかったことは、「上邸より松平和泉・松平左京亮、当月末に園中へ同道にて来度《きたき》由申し来る、所々《しょしょ》断る故、難渋《なんじゅう》申し遣わす（天四・5・17）」と、米徳からの依頼を断っていることにあらわれている。「所々断る」とあるから、断られる者たちも少なくなかったことになる。六義園見物の可否は、あくまでも、信鴻の意向による。米徳が希望した時期には見物人も少なく、見物を断る理由は見当たらない。理由があるとすれば、米徳が同道する二人の人物が、三河西尾藩主と石見浜田藩の嗣子であることである。門前にあらわれた一介の町人には園の見物を許し、大名の見物は断る。「所々断る」とは、大名家などからの園見物の依頼を指すのではないだろうか。隠居して十年、職務を離れて自由に暮らす山里に、堅苦しい人物の訪問を避ける気持ちが次第に強くなってきていることは十分考えられる。さらに、そこには、この時代の庭見物をめぐるあるルールの存在が垣間見える。

六義園に限らず、伝手を使って個人の庭を見物することは、この時代、珍しくはなかったようで、信鴻自身、福山藩阿部家の本郷丸山屋敷の庭に咲く菊を見たいと、家臣の米魚を下屋敷に住む彼の俳友のもとに「談合に」遣わしたことがある（天三・10・4）。この時は、その日藩主の訪問があることと、菊の献上がまだであるという理由で断られる。この屋敷の菊の見事さはよく知られていたのであろう。信鴻は、翌年秋にも、お隆とともに遊歩に出た時、道灌山《どうかんやま》から田端村へ出て、「阿部侯御部屋・隠居所にて溝口を遣わし、菊を見んと申し遣わせしに、見せず（天四・10・3）」と、菊見物を申し入れ、また断られる。しかし、「阿部勢州・内称《ないしょう》（奥方）の里の菊を見る、花壇三間計《ばかり》座敷二間、庭造樹等あり（安六・10・8）」と、信鴻は、この菊を一度見ている。とするならば、相手の都合で断られることもあるが、庭見物の申し入れは自由にでき、見物できる場合もあったことになる。すでに亡くなっていたが信鴻の娘方子《みちこ》は阿部正倫《まさとも》の正室であった。柳沢家と阿部家とは縁戚関係にある。したがって、正式な申し入れにより、屋敷を訪問することは可能であろう。しかし、家臣の俳諧仲間を仲介として庭見物を申し入れ、あるいは遊歩の途中で相手の都合を聞くところに、この庭見物のインフォーマルな性格が現れている。六義園でも、亀山藩主や藤堂家の若殿が身分を隠して家臣に混じり、園を見物していたことを思い出そう。高い身分を隠し、市井の一趣味人として庭を見るのが、身分に応じた振る舞いが要求されるこの時代の、庭見物の作法だったのではないだろうか。

さて、遊歩の折、信鴻が訪れた庭がもう一つある。上中里村にある幕府の御用屋敷である。この屋敷には、一万坪以上にわたる広大な敷地に、鷹狩に使うウサギの飼育場が設けられていた。

天明二年三月七日の午後、お隆とともに総勢十五人で摘み草に出かけ、飛鳥山の手前で草を摘んでいるところに、すぐ近くで茶店を営む俳諧仲間の笠志が現れて、目の前の御用屋敷への案内を買って出る。笠志は屋敷の者と懇意らしく、一同は屋敷守の十歳ばかりの息子に迎えられて、一町四方の芝生の中央に小高く設けられた将軍の駕台《かごだい》に登り眺望を楽しんだあと、蒲公英《たんぽぽ》を夥しく摘む。芝生は一面蒲公英の原だったと見える。もちろん、御用屋敷は厳密には庭ではない。しかし、屋敷守が管理する幕府の施設も、伝手があれば見物し、自由に摘み草をすることができたことを、この例は教えてくれる。

下屋敷近くの西ヶ原にある牡丹屋太郎左衛門の園中は、牡丹の名所として知られ、個人の庭でありながら、頼めば見物することができたことはすでに見た。江戸を離れた地ではあるが、ちょうどこの頃から、東海道の宿場町の一つ原（現静岡県沼津市）でも、園芸植物のコレクションで知られた富裕な家の庭を、多くの人びとが訪れている。現在も残る何冊もの芳名帳には、参勤交代の大名から伊勢参りの農民まで、全国各地から訪れたさまざまな身分や職業の人びとが記され、帯笑園《たいしょうえん》と名付けられたこの庭を、東海道を旅する旅人が楽しんでいたことを知らせてくれる。この家の場合は、訪れた人びとが芳名帳に名を記すことで、個人として所有者との関係を結ぶことになる。

庭は、人の手と自然がともに働きあって作り出す美の空間であり、庭を見ることはその美を愛でることである。広い土地に加え、お金と人手のかかる庭を所有することのできる人は、いつの時代もそうであるように、この時代にもごく限られていた。だが庭の所有者は、仲介者を通じあるいは芳名帳により人物を特定して、広く一般の人びとを私的空間に招き入れた。庭の美を享受する機会は、身分の上下や男女の別、年齢にかかわりなく、その価値を理解する人に開かれるべきだとする社会通念が存在して初めて、このように大勢の人びとに庭を見せることは可能になる。

日本の歴史では、表向きの剛構造の裏で、詩歌やさまざまな芸能を通じての付き合いの場が、身分や立場のちがいを超えた柔らかい社交の場として大事な社会的意味をもっており、そこでの付き合い方は、社交と美の創造をかねる一種の文化装置として、高度に洗練された文化様式を備えるようになったとの指摘もある。[*24] 安永・天明の頃の江戸では、歌・踊りや文芸はもちろんのこと生け花や園芸が趣味として広く庶民にも広がり、身分境界の仕切りを通り抜ける場がいくつも生まれていた。六義園を見せることの背景には、身分や立場のちがいを超えて庭の美を共有しようとする、いうならば、庭を見せる文化が存在したのである。

その後の六義園

天明六年正月より、信鴻の日記は『松鶴日記』と名を変える。その理由を信鴻は、前年の秋剃髪した身に「宴遊」の文字は「ふさわしからず」と考え、園内の松に遊ぶ鶴にちなんでつけた、と序文に記す。前年九月に、側室のお隆が亡くなるとほどなく、信鴻は剃髪して仏門に入っていた。

『松鶴日記』の時代の六義園にも、庭見物の人びとは訪れる。酒井家の姫が花見に訪れたのを御簾から覗き、家中の者たちを園中に入れて「男女終日群集」の日もある（天六・

3・3)。件数は少なくなるようであるが、信鴻は、こののちも庭見物の人びとを受け入れ、六義園は、変わりなく、人びとを誘い続けた。

しかし、信鴻が庭の手入れに従事することは、ほぼなくなる。「梅花等を折り、梅埠の枯芝を焼く(天六・1・6)」といった記事もあるが、ごく稀である。季節にはあれほど楽しんだ土筆摘みも、栗拾いもやめてしまう。お隆の位牌を納めた龍華庵の行き帰りに、初茸を数本採るだけである。

芝居見物には出かけているし、歌舞伎興行はもうやらないが、内々の踊りの会は催す。俳諧も続けている。庭に対する興味だけが失せたように見える。

天明六年に信鴻は六十三歳となる。庭仕事から手を引いたのは、年齢のせいもあるであろう。だが、庭への興味を失わせた最も大きな理由は、お隆の不在ではなかったか。草刈りや芝焼きも、摘み草や茸採りも、その楽しさの多くは、お隆とともに過ごす時間にあったのだから。

宴には、酒盛りのほかにも、くつろぎ休む意味がある。『宴遊日記』の十三年間は、信鴻にとって、文字どおり、世間のさまざまな俗事を離れて日々を愉しく賑やかに遊んだ特別な歳月《とき》であった。そして、その遊びの中心に六義園があったのである。宴遊の時代の終焉とともに、六義園も表舞台から姿を消す。『松鶴日記』には、四人の息子たちの名が実名で記される。このことにも、信鴻の生活の基調の変化は見て取れる。

寛政四年三月三日、信鴻はこの下屋敷で亡くなる。享年六十九であった。

信鴻の息子・大和郡山藩三代藩主・保光は、文化六年（一八〇九）、一年をかけて六義園の改修工事を行う。しかし、その四年後、六義園を訪れた『遊歴雑記』の著者・釈敬順が見たのは、鎖《とざ》された住む人のいない邸宅と、落ち葉が積もり、立ち枯れの草木が目立つ、手入れの行き届かない庭であった。

駒込の下屋敷は、七代藩主・保申《やすのぶ》の代に明治政府に上地されて、柳沢家の手を離れる。釈敬順の訪問から幕末まで六十年、その間の六義園のありさまは知られていない。

明治十一年（一八七八）、実業家・岩崎弥太郎がこの地を購入して別邸とし、その後、昭和十三年（一九三八）、庭園部分を東京市に寄付する。六義園は東京市の公園になり、公開されて現在に至る。

引用文献

＊1　『書経・易経』中国古典文学大系1　平凡社　一九七二
＊2　『ベーコン随想集』渡辺義雄訳　岩波文庫　一九八三
＊3　『お伽草子研究』徳田和夫　三弥井書店　一九八八
＊4　『武家の女性』山川菊栄　岩波文庫　一九八三
＊5　名古屋園芸・花の博物館　nagoyaengei.co.jp/hakubutukan/hakubutu/kusa2/komaba.htm
＊6　『野山の名人秘伝帳―ウナギ漁、自然薯掘りから、野鍛冶、石臼作りまで』かくまつとむ　農山漁村文化協会　二〇〇九
＊7　「文化二年の岡山藩大崎屋敷」『しながわの大名下屋敷』原田佳伸　品川区立品川歴史館編　品川区教育委員会　二〇〇三
＊8　『甲府市史　通史編二、近世』甲府市市史編さん委員会編　甲府市　一九九二
＊9　『人づくり風土記：ふるさとの人と知恵』第十九巻 山梨　農山漁村文化協会　一九九七
＊10　『大名庭園の利用の研究―岡山後楽園と藩主の利用』神原邦男　吉備人出版　二〇〇三
＊11　『日本薬園史の研究』上田三平　一九三〇
＊12　引用文献＊7に同じ
＊13　『井関隆子日記』上巻　勉誠社　一九七八
＊14　『温室』ものと人間の文化史152　平野恵　法政大学出版局　二〇一〇

＊15 『贈与交換の人類学』伊藤幹治　筑摩書房　一九九五
＊16 「竹の里歌」『子規全集』第七巻　正岡子規　改造社　一九三〇
＊17 「茄子を贈る―信州嶋田村森本家の事例から」　多和田雅保『近世政治史論叢』東京大学大学院人文社会系研究科・文学部日本史学研究室　二〇一〇
＊18 『江戸時代人と動物』塚本学　日本エディタースクール出版部　一九九五
＊19 『東京昔と今』宮尾しげを　保育社　一九六三
＊20 「江戸都市民の大名屋敷内鎮守への参詣行動」吉田正高『地方史研究』五〇巻二号　二〇〇〇
＊21 『江戸絵画と文学――〈描写〉と〈ことば〉の江戸文化史』今橋理子　東京大学出版会　一九九九
＊22 THACKER, C., *The History of Gardens*, University of California Press　1979
＊23 ＊13に同じ
＊24 『美と礼節の絆―日本における交際文化の政治的起源』池上英子　NTT出版　二〇〇五

参考文献

『宴遊日記』（『日本庶民文化史料集成』第十三巻　芸能記録（二）　藝能史研究會　三一書房　一九七七

『松鶴日記』第一巻〜第六巻　ゆまに書房　一九八一〜一九八二

『松蔭日記』岩波文庫　二〇〇四

『分限帳類集上』柳沢史料集成第二巻　柳沢文庫保存会　一九九三

『柳沢家譜集』柳沢史料集成第四巻　柳沢文庫保存会　一九九五

『参勤交代年表上』柳沢史料集成第六巻　柳沢文庫保存会　一九九七

『大和郡山市史』柳沢文庫専門委員会編　大和郡山市　一九六六

『諸大名の学術と文芸の研究』福井久蔵　厚生閣　一九三七

『柳沢信鴻日記覚え書』花咲一男　三樹書房　一九九一

『江戸年中行事』三田村鳶魚　中央公論社　一九八一

「六義園—その初期の姿をめぐって」宮川葉子　『国際経営・文化研究』一八巻一号　二〇〇三

初出

「柳沢信鴻の隠居所としての六義園」ランドスケープ研究62（5）一九九九
「六義園に見る安永・天明期の「庭見物」」ランドスケープ研究63（5）二〇〇〇
「六義園に見る江戸の大名庭園の動物」ランドスケープ研究64（5）二〇〇一
「六義園に見る贈答品としての庭の産物」ランドスケープ研究65（5）二〇〇二

あとがき

本書は、日本造園学会誌『ランドスケープ研究』に掲載された四編の論文をもととしている。執筆したのは十五年以上前である。時をへだて、職を辞し、隠居の身となり、ゆったりとした気持ちであらためて『宴遊日記』に向かい合ってみると、つぎつぎに思いがけない発見があり、ほぼ全面的に書き改めることとなった。庭という場の豊かさに目を見張り、庭をぞんぶんに遊んだ信鴻とその時代に思いを馳せた。江戸は庭園都市であったと言われる。一般に三百諸侯と称される大名たちの屋敷には、規模の違いはあれ、庭が設けられていた。信鴻の六義園ほど賑やかだった庭は多くないであろうが、それでも六義園に似通った、庭のある生活が江戸の町のそこここで繰り広げられていたことになる。

近頃、地方のシルバー人材センターに、庭木の除去の依頼が増えていると聞く。維持に手間もお金もかかる庭を負の遺産として子どもに残すわけにはいかない、自分の代でけりをつけておかなければと、高齢の所有者が希望するのである。確かに、人の背丈ほどの松一本の剪定が一日仕事である。年に二回、それが毎年続く。松は一本とは限らないし、ほかの庭木もある。手入れを怠れば、伸びすぎた枝に、田舎でも隣近所から苦情が出るご時世である。木を伐り払ったあとは、手入れの楽な芝生か舗装となる。

東京の古くからの住宅地でも、この十年ほどの間に、道路まで張りだすほど大きな椎や桜のある庭が潰される姿が目立つようになった。新しく建てられた家は、道路ぎりぎりまで要塞のような分厚いコンクリートの壁がせまり、通る人を威嚇する。玄関脇に申し訳程度に植えられた葉色の明るい落葉樹と草花の植え込みに住み手のかすかな庭へのあこがれがあらわれているが、そこに木々が枝葉をのびやかに広げる余地はない。

ガーデニングは人気だが、庭のある生活のあり方が変わりつつある。洗濯物は部屋干しか乾燥機、外の風が吹き抜けなくてもエアコンで事足りる。子どもも少ないから、兄弟や隣近所の子どもと庭で遊ぶこともない。近所付き合いも稀薄である。

庭というスケールの空間も、庭を楽しむ作法も、われわれの生活から消える運命にあるように思われる。

本書は、旧知のまちづくりプランナー・林泰義さんに松井編集室の松井晴子さんを紹介していただいて実現した。林さんの庭では、月に一度、「つかの間のマルシェ」が開かれている。野菜や果物、器や雑貨を売るこの小さな市に、庭で育てた花や野草のリースを出していることが、めぐりめぐって本書の出版につながった。したがって本書は、庭での出会いから生まれたことになる。今の時代にも、庭は、素敵な働きをすることができる。
お力添えいただいたすべての方々に深く感謝申し上げる。

小野佐和子

小野佐和子（おの　さわこ）

庭園文化史研究家
福岡県生まれ。千葉大学大学院園芸学研究科修了（造園学専攻）
元千葉大学教授（園芸学部緑地環境学科）
著書に『江戸の花見』築地書館、『こんな公園がほしい』築地書館
編著書に『海辺の環境学——大都市臨海部の自然再生』宇野求・古谷勝則共
編　東京大学出版会

六義園《りくぎえん》の庭暮《にわぐ》らし
柳沢信鴻《やなぎさわのぶとき》『宴遊日記《えんゆうにっき》』の世界《せかい》

2017年7月24日　初版第1刷発行

著　者　小野佐和子
発行者　下中美都
発行所　株式会社平凡社
〒101-0051 東京都千代田区神田神保町3-29
電話 03-3230-6584（編集）
03-3230-6573（営業）
振替 00180-0-29639

印刷・製本　中央精版印刷株式会社

ISBN 978-4-582-54459-6 C0021
NDC 分類番号 210.55　四六判（18.8cm）　総ページ 264
平凡社ホームページ　http://www.heibonsha.co.jp/